ÉCOLE DU GÉNIE CIVIL

POUR

…, la Marine, l'Armée, les Grandes Administrations et les Grandes Écoles

152, avenue de Wagram, PARIS

ENSEIGNEMENT SUR PLACE & PAR CORRESPONDANCE

Directeur : M. Julien GALOPIN

INGÉNIEUR CIVIL

COURS

DE

LÉGISLATION DES EAUX

PROFESSEUR : M. CARREAU, LICENCIÉ EN DROIT

ÉDITION DE L'ÉCOLE DU GÉNIE CIVIL

Propriété du Directeur de l'École

EXAMENS SPÉCIAUX

auxquels prépare par correspondance l'Ecole du Génie Civil

Ecoles Spéciales et Examens particuliers

L'Ecole prépare à toutes les Ecoles spéciales suivantes : Ecoles de Navigation, Ecoles d'Arts et Métiers, Ecoles des Mécaniciens de Brest, Toulon et Lorient, Instituts techniques spéciaux, Ecole supérieure d'Electricité, Ecole supérieure d'Aéronautique, Ecole Centrale, Ecole de Physique et de Chimie, etc.

Préparations spéciales à tous les examens des Douanes, des Postes, des Ministères, des Chemins de fer, préparation spéciale aux Brevets simple, supérieur de l'Enseignement Primaire, ainsi qu'aux divers Baccalauréats, Certificats, Licences.

Industrie

Préparation à tous les grades (Contremaîtres, Conducteurs, Sous-Ingénieurs et Ingénieurs), pour la Mécanique, l'Electricité, les Mines, les Travaux Publics, etc.

Mécaniciens pour Usines et Ateliers. — Electriciens. — Chefs mécaniciens. — Conducteurs électriciens. — Ingénieurs et Dessinateurs Industriels. — Contremaîtres et Chefs d'ateliers. — Ingénieurs et Sous-Ingénieurs.

Cours spéciaux de Contremaîtres, Dessinateurs et Ingénieurs des Constructions navales.

Marine de Guerre

Matelot élève mécanicien; Quartier maître mécanicien; Brevet élémentaire de mécaniciens; Cours du brevet supérieur de mécanicien électricien, etc.; Admission au cours des élèves officiers (machine et pont); Examen direct pour le grade de mécanicien principal; Examen de quartier-maître préparatoire à l'examen d'élève officier de vaisseau; Obtention du grade d'officier électricien et d'officier des autres spécialités; Ecoles techniques élémentaire et supérieure des arsenaux; Commis de la marine; Commissaires et Administrateurs de l'Inscription maritime; Ecoles navales et de Génie maritime; Ingénieurs d'Artillerie navale; Agents et Officiers des Travaux hydrauliques.

Marine de Commerce

Brevets de capitaines au Bornage, au Cabotage et au Long Cours; Brevet pratique de mécanicien pour machines à vapeur; Brevet pratique de mécanicien pour autres moteurs; Brevet d'officier mécanicien de 2e classe; Brevet d'officier mécanicien de 1re classe; Brevet d'élève officier mécanicien; Emplois d'électriciens dans les grandes Compagnies; Emplois d'élèves mécaniciens.

Armée

Officiers du service aéronautique. — Officiers mécaniciens. — Saint-Maixent. — Vincennes. — Saumur. — Versailles. — Dessinateurs de l'Armée. — Aspirants de toutes armes. — Saint-Cyr. — Polytechnique, etc.

Administrations

Adjoints techniques, dessinateurs et mécaniciens des Ponts et Chaussées. — Agents et Sous-Agents techniques des Poudres et Salpêtres. — Mécaniciens électriciens, Dessinateurs de la voie et de la traction. — Piqueurs, Emplois divers des Chemins de fer. — Mécaniciens et dessinateurs des Postes et Télégraphes. — Mécaniciens et dessinateurs des Manufactures de Tabacs. — Dessinateurs et calqueurs du Ministère de la Guerre, etc.

Préparations Spéciales

Outre sa préparation aux examens ou carrières précitées, l'Ecole se tient à la disposition de toutes les personnes n'ayant qu'une ou plusieurs parties à approfondir pour leur faire sur les matières qui les concernent (en tant que celles-ci sont du ressort de ce qu'enseigne l'Ecole) des préparations spéciales à des prix extrêmement avantageux.

En particulier elle a des préparations très suivies de T.S.F., Automobile, Aviation, Langues vivantes, etc.

Elle prépare également à tous les emplois réservés aux anciens sous-officiers.

Cours de Vacances, Cours du Soir, du Dimanche matin

Leçons particulières

Des cours spéciaux sont organisés à toute époque et pour toutes les matières de nos programmes.

Les cours les plus suivis sont ceux de Mathématiques, Dessins et Croquis industriels appropriés à toutes les spécialités, cours démonstratifs sur les pièces elles-mêmes des différentes branches techniques.

ÉCOLE DU GÉNIE CIVIL

POUR

l'Industrie, la Marine, l'Armée, les Grandes Administrations et les Grandes Ecoles

152, avenue de Wagram, PARIS

ENSEIGNEMENT SUR PLACE & PAR CORRESPONDANCE

Directeur : M. Julien GALOPIN

INGÉNIEUR CIVIL

COURS

DE

LÉGISLATION DES EAUX

PROFESSEUR : M. CARREAU, LICENCIÉ EN DROIT

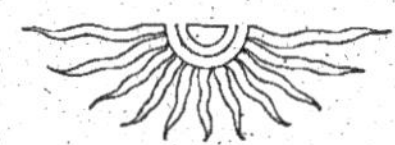

ÉDITION DE L'ÉCOLE DU GÉNIE CIVIL

Propriété du Directeur de l'Ecole

INTRODUCTION

Dans le cours précédent (Domaine, Voirie terrestre, Travaux publics), nous avons indiqué, en étudiant la domanialité, que le *domaine public*, défini par la loi du 22 novembre, 1er décembre 1790 et par le Code Civil, est la partie du territoire français, à l'usage de tous, et non susceptible de propriété privée ; et qu'il est réparti entre les trois unités administratives du pays : Etat, département et commune, agissant dans l'intérêt général et en tant qu'organes de la puissance publique.

Nous avons vu également que, le domaine public échappant aux règles du droit civil et n'étant pas susceptible de propriété privée, l'Administration a sur lui un simple droit de garde et de conservation, mais non un droit de propriété proprement dit ; qu'il est imprescriptible et insaisissable ; qu'il ne peut pas être frappé d'expropriation pour cause d'utilité publique ; qu'il ne saurait être grevé de droits réels, servitudes ou hypothèques ; enfin, que les actions possessoires ne lui sont pas applicables.

D'autre part, nous avons établi que le domaine public ainsi caractérisé se décompose en :

1° *Domaine public terrestre* (routes, rues, places, chemins, voies ferrées et leurs accessoires, etc.) ;

2° *Domaine public maritime* (rivages de la mer, ports, hâvres, rades, bassins, etc.) ;

3° *Domaine public fluvial* (fleuves et rivières navigables et flottables, canaux de navigation, etc.)

Le domaine terrestre a été examiné en détail dans le même volume.

Nous aurons à étudier ici les deux autres parties du domaine public, ainsi que le régime légal des eaux non comprises dans ce domaine, et cette étude fera l'objet des cinq chapitres suivants :

1° *Le domaine public maritime ;*

2° *Le domaine public fluvial ;*

3° *Le régime des eaux courantes ;*

4° *Servitudes résultant de la situation et de la direction des eaux ;*

5° *Les eaux mortes.*

Enfin, en « annexes », nous donnerons le texte des lois et règlements principaux, relatifs à la législation des eaux.

DROIT ADMINISTRATIF

Cours de Législation des Eaux

CHAPITRE PREMIER

Le Domaine maritime

§ 1er. — Condition juridique de la mer; délimitation des rivages; lais et relais de la mer; police.

De la mer elle-même, le droit international a fait aujourd'hui, sans contestation, une *res communes* (1).

Jadis, l'Angleterre a prétendu s'attribuer sur elle une souveraineté exclusive. Mais la thèse de la « mer libre », formulée par Grotius dès 1609, l'a finalement emporté et est devenue un axiome du droit des gens.

Cependant, le principe de la souveraineté des états riverains, et les nécessités pratiques, apportent à cet axiome deux restrictions essentielles.

1° Les États riverains de la mer y sont souverains sur la zone qui les borde, jusqu'à une distance de trois milles marins. La zone ainsi déterminée, par coutume et conventions, est désignée sous le nom de *mer territoriale*.

Au moment où la distance de trois milles a été admise, elle apparaissait comme la portée maxima des armes à feu, et, par conséquent, elle marquait la limite extrême de la faculté de domination de l'Etat côtier. Depuis lors, la portée des pièces d'artillerie a été singulièrement accrue; cela n'empêche pas que les anciens textes et traités soient demeurés en vigueur.

2° Les hâvres et les rades, même naturels, sont également soumis à la souveraineté du pays où ils sont situés.

Le domaine public maritime appartient à la grande voirie; en particulier, les contraventions aux règles protectrices, de cette partie du domaine sont de la compétence des conseils de préfecture.

La France est baignée par la mer sur une grande partie de son pourtour.

1. On désigne sous le nom de *res communes* les choses qui, par leur fécondité inépuisable, peuvent se prêter à un usage constamment renouvelé, et dont la jouissance est commune à tous les hommes : air, mer, eau courante, etc. Par leur nature même, ces choses ne sont pas susceptibles de propriété exclusive, les particuliers peuvent seulement s'en approprier quelques fractions par l'occupation. Ainsi, je deviens propriétaire de l'eau de mer ou de rivière que j'ai puisée dans un récipient. C'est aux *res communes* que s'applique l'art. 714 du Code Civil ainsi conçu : « Il est des choses qui n'appartiennent à personne et dont l'usage est commun à tous ; des lois de police réglant la manière d'en jouir ». Ces lois font partie du droit administratif.

Trois des faces de l'hexagone qu'elle forme sont maritimes ; celle du nord-ouest, baignée par la Manche, celle de l'ouest, par l'Océan Atlantique, celle du sud-est, par la Méditerranée. Sur un développement de frontières de 5.200 kilomètres, 3.100 sont en bordure sur la mer.

Comment est fixée la limite des rivages de la mer ?

Le littoral français se divise naturellement en trois régions nettement tranchées. La première s'étend de la frontière de Belgique à la pointe du Finistère ; la seconde, de la pointe du Finistère jusqu'à la frontière d'Espagne, dans le golfe de Gascogne ; la troisième, de la frontière d'Espagne, sur la Méditerranée, à la frontière d'Italie. *Le rivage* est la grève ou partie du littoral couverte et découverte par l'action ordinaire des flots.

Pour les côtes de l'Océan, de la Manche et de la mer du Nord, où la marée est très puissante, le rivage de la mer s'étend jusqu'au point où s'élève ordinairement le plus grand flot de mars. Il y a cependant dans l'Océan des marées supérieures à celles de mars, mais telle est la règle formulée dans l'ordonnance de la marine du mois d'août 1681, et cette règle n'a jamais cessé d'être appliquée à ces côtes. « Sera réputé », dit le texte, « bord et rivage de « la mer tout ce qu'elle couvre et découvre pendant les nouvelles et pleines « lunes et jusqu'où le grand flot de mars se peut étendre sur les grèves (livre « IV, titre VII, art. 1) » (1).

En ce qui touche les côtes baignées par la Méditerranée, où la marée est presque insensible, on suit la règle romaine, nettement précisée dans les Institutes de Justinien, et toujours observée avant 1789 par le parlement d'Aix. Le rivage s'étend donc jusqu'au point où s'élève le plus grand flot ordinaire d'hiver, sans ouragan, ni tempête.

Malgré le texte absolu de l'ordonnance de 1681, qui ne distingue pas entre les côtes de l'Océan et celles de la Méditerranée, cette distinction, résultant de leur nature, a toujours été admise par la doctrine, la pratique administrative et la jurisprudence.

Sur divers points du littoral, les rivages de la mer ainsi fixés peuvent subir d'importantes modifications. C'est ainsi qu'en se retirant la mer crée de nouveaux rivages et peut abandonner à la terre de vastes espaces susceptibles de propriété privée. Par contre, lorsqu'elle envahit les terres, elle fait des propriétés privées soit une portion de ses rivages, soit même une partie de son lit. Dans ce cas, la terre elle-même disparaît et devient une partie de la mer. Nul n'est responsable du dépouillement des anciens propriétaires, qui ne peuvent réclamer d'indemnité à personne.

Des travaux de défense sont d'ailleurs érigés contre les emprises de la mer, par l'Administration, dans la limite des crédits qui lui sont alloués à cet

1. L'ordonnance de 1681 sur la marine est la plus parfaite des ordonnances de Colbert et de Louis XIV. Elle traite à la fois du droit maritime privé, ou droit commercial maritime, du droit maritime international, et du droit maritime public administratif. Sur un grand nombre de points, l'ordonnance de 1681 et beaucoup de dispositions légales complémentaires datant, soit de l'ancienne monarchie, soit de l'époque intermédiaire, sont encore en vigueur.

effet, et par l'industrie privée. L'art. 41 de la loi du 16 septembre 1807 permet au gouvernement de concéder, outre les lais et relais de la mer dont il sera parlé plus loin, « les droits d'endigage », pour l'établissement de digues sur une partie du littoral de la mer, en accordant aux concessionnaires l'autorisation de convertir en propriété privée et d'acquérir pour eux la partie du sol qu'ils auront soustraite à l'empire des eaux. Il ne faut toutefois pas confondre la concession des lais et relais de mer déjà formés avec le droit d'endigage, par lequel la loi confère à l'Etat le droit de concéder, à titre de créments futurs, des lais et relais non encore formés et que, dans l'intérêt public, on cherche à enlever à la mer, en raison même de la lutte à soutenir contre les flots.

Ces créments futurs font toujours partie de la mer et de ses rivages, tant qu'ils n'ont pas été définitivement soustraits à l'action ordinaire des vagues. Il en est ainsi que la concession soit antérieure ou postérieure à la loi des 22 novembre, 1er décembre 1790 ou à celle du 16 septembre 1807, qui ne varient entre elles sous ce rapport qu'au point de vue des conditions de forme, l'une exigeant une loi pour ces concessions, tandis que l'autre se contente d'un décret.

Autorité compétente pour opérer la délimitation. — Il a été expliqué comment doit être déterminé la limite du rivage de la mer. L'Administration est l'Autorité compétente pour constater officiellement cette limite. Le décret du 21 janvier 1852 a réglé le détail de cette opération et dit, notamment, à l'art. 2 : « Les limites de la mer sont déterminées par des décrets du Prési-« dent de la République rendus sous forme de règlements d'administration « publique, tous droits des tiers réservés, sur le rapport du Ministre des Tra-« vaux Publics, lorsque cette délimitation aura lieu à l'embouchure des fleu-« ves ou rivières, et sur le rapport du Ministre de la Marine, lorsque cette « délimitation aura lieu sur un autre point du littoral ».

L'Administration prend également en cette matière des « arrêtés » ou « déclarations de domanialité ». Ces arrêtés sont pris indistinctement en vertu du même article, par les préfets maritimes ou par les préfets départementaux et visés par le Ministre de la Marine. Les déclarations de domanialité ont surtout pour but de faire connaître aux intéressés la délimitation qu'a constatée le décret. A ce titre, elles peuvent être comparées aux alignements individuels.

D'après la jurisprudence établie en 1860 par le Conseil d'Etat, l'Administration n'a pas le droit de « fixer » les limites du rivage, mais seulement celui de les « constater ». Elle est chargée de vérifier où peut s'étendre le plus grand flot de mars et de déterminer, d'après cette constatation, que c'est là que la mer finit.

De même, le décret de délimitation ne fixe pas les limites ; il les constate.

D'autre part, l'Administration seule est compétente pour faire cette constatation, et l'autorité judiciaire n'a pas à en vérifier l'exactitude si, par voie de recours, elle est appelée à intervenir.

Il faut d'ailleurs se garder d'assimiler la délimitation du rivage de la mer à la reconnaissance d'un chemin rural. Lorsque l'Administration « reconnaît » un chemin rural, elle se borne à déclarer qu'elle incorpore au domaine public ce qui est propriété privée de la commune, et c'est l'autorité judiciaire qui reste compétente pour dire où se terminait, avant la reconnaissance, la propriété privée de la commune. Le décret de 1852 a rendu, au contraire, l'Administration exclusivement compétente pour constater la limite du domaine maritime qui se détermine par des phénomènes naturels indiqués dans la loi. C'est la nature elle-même qui fixe la limite du domaine public, et c'est l'Administration qui constate ce que la nature a fait, sans que les limites constatées d'après les titres de la propriété privée puissent l'emporter sur la délimitation administrative.

Seul, le Conseil d'État peut être appelé à se prononcer sur l'inexactitude de cette délimitation. Il peut en être saisi, par voie contentieuse, par les riverains qui pourraient avoir à se dire lésés par la décision de l'Administration. Dans ce cas, le Conseil d'Etat vérifiera la valeur de la délimitation effectuée et le fondement des protestations qu'elle soulève. Il annulera la délimitation si ces protestations sont justes; sinon, il les repoussera, consacrant par son jugement la délimitation fixée, qui sera alors tenue pour conforme aux limites naturelles.

La Cour de Cassation a, toutefois, admis le recours devant les tribunaux judiciaires, mais seulement pour faire constater l'empiètement et non pour faire rectifier la limite fixée.

Dans ce cas, si l'Administration ne rectifie pas, le propriétaire lésé sera indemnisé.

On peut voir dans cette solution une application de la séparation des autorités administrative et judiciaire. Cette dernière n'a pas à entraver le rôle de l'Administration, mais elle est dans le sien en assurant le respect de la propriété privée, et, si l'Administration peut constater la limite du domaine sans que nul y puisse rien changer, il appartient au juge de constater la limite de la propriété sans que personne ait le pouvoir d'y contredire.

Si les deux constatations ne s'accordent pas, il est possible de maintenir la première en indemnisant le propriétaire qu'elle lèse dans ses intérêts.

Embouchures des fleuves. — L'Administration est appelée à tracer, sur les fleuves et rivières qui débordent à la mer, quatre limites distinctes.

1° *La limite de l'inscription maritime.* — L'inscription maritime s'étend dans les fleuves, rivières et canaux, jusqu'au point où remonte la marée, et, pour ceux où il n'y a pas de marée, jusqu'à l'endroit où les bâtiments de mer peuvent remonter (loi du 24 décembre 1896).

2° *La limite d'application des règles de police et de conservation établies pour la pêche fluviale.* — Des ordonnances, établies en vertu de la loi du 15 avril 1829, fixant les limites entre les pêches fluviale et maritime dans les rivières affluant à la mer. La pêche qui se fait au-dessous du point où les eaux sont salées est soumise aux règles de police et de conservation établies pour la pêche fluviale. Au contraire, la pêche maritime est un des privilèges des inscrits maritimes.

3° *La limite d'application des règlements sur la navigation fluviale à vapeur, d'une part, et des règlements sur la navigation maritime à vapeur, d'autre part.* — Cette limite est établie d'après les obstacles matériels qui s'opposent au passage des navires de mer à vapeur (décret du 4 mars 1890).

4° *La limite du domaine public fluvial et du domaine public maritime.* — La doctrine et la jurisprudence, en l'absence de textes, offrent des systèmes très divers, qui tendent à fixer les limites, tantôt d'après l'action du flux et du reflux dans les rivières, tantôt d'après la salure des eaux, tantôt enfin d'après une ligne idéale tracée de manière à rétablir la continuité du rivage interrompue par le cours d'eau.

Lais et relais de la mer. — Les lais de la mer sont les dépôts marins formés sur le littoral et émergeant du grand flot qui détermine la limite du rivage ; les relais sont des espaces d'où la mer s'est définitivement retirée et que ne couvre plus le grand flot.

Ils sont aliénables et, contrairement à différentes opinions émises, ils ne font pas partie du domaine public, bien que la première partie de l'art. 538 du C. C. les assimile aux rivages de la mer et les classe dans ce domaine. Il y a là une erreur qui est d'ailleurs rectifiée par la seconde partie du dit article, qui n'attribue au domaine public que « les portions du territoire français qui ne « sont pas susceptibles d'une propriété privée ». Or les lais et relais de la mer n'ont aucune destination publique ni pour la navigation, ni pour la défense du territoire, et ils sont aussi susceptibles de propriété privée que les terrains auxquels ils adhèrent et de la nature desquels ils participent.

Les lais et relais peuvent être vendus aux enchères. Il résulte toutefois de la loi du 1er juin 1864, sur les ventes domaniales, que le gouvernement ne peut vendre, sans une loi, les lais et relais de mer dont la valeur estimative dépasse un million. La loi du 16 septembre 1807 lui donne le droit de les concéder sans distinction de valeur (1). Il n'y a d'ailleurs guère que les riverains qui puissent en devenir utilement acquéreurs.

Police des eaux territoriales, des rivages, des ports et des travaux. — Les rivages de la mer, les ports, les hâvres et les rades forment le domaine public maritime ; ils sont soumis à la garde du Ministre de la Marine, comme les routes nationales, les fleuves et rivières, les chemins de fer, les canaux et les ponts le sont à celle du Ministre des Travaux Publics.

Ils constituent également, avons-nous dit, des dépendances de la grande voirie.

D'autre part, tous les travaux à la mer, tout ce qui est susceptible de former une entreprise sur la mer, est interdit par l'ordonnance de 1681, et cons-

1. Art. 41. « Le Gouvernement concèdera, aux conditions qu'il aura réglées, les marais, lais, relais de la « mer, les droits d'endigage, les accrues, les atterrissements et alluvions des fleuves, rivières et torrents, « quant à ceux de ces objets qui forment propriété publique ou domaniale ».

titue même, aux termes du décret du 10 avril 1812, des contraventions à la police de la grande voirie.

En définitive, le pouvoir de police du gouvernement s'étend donc, d'une part, *sur le domaine public maritime proprement dit* (rivages, ports, hâvres et rades) ; et, d'autre part, *sur la partie de la mer elle-même voisine des côtes, ou mer territoriale*, définie au début du cours.

Les diverses mesures prises dans ces conditions ont pour objet d'assurer la conservation et le libre usage du domaine, ainsi que les intérêts de la navigation.

§ 2. — Ports maritimes ; délimitation ; ouvrages et outillage des ports ; police.

Les ports, les hâvres (1) et les rades (2) sont des parties de la mer ou des fleuves, naturellement ou artificiellement appropriées aux besoins de la défense nationale, du commerce et de la navigation, ou simplement à ceux de la pêche côtière.

Ils se divisent en 3 catégories :

1° *Les ports militaires* de Cherbourg, Brest, Lorient, Rochefort et Toulon, avec tous leurs ouvrages de défense à la mer, phares, fanaux, balises, signaux ;

2° *Les ports et hâvres de commerce* et leurs ouvrages, phares, fanaux, balises et signaux ;

3° *Les ports constituant de simples stations de pêcheurs.*

Les ports militaires relèvent du Ministère de la marine et les autres du Ministère des Travaux publics.

Le nombre des ports classés dans ces 3 catégories par les statistiques officielles s'élève à plus de 500, en y comprenant les stations de pêche sans intérêt commercial.

50 seulement sont considérés comme principaux ports de commerce de la France. Ils représentent à eux seuls 94/100 du tonnage total de nos ports de commerce.

Les plus importants sont : Marseille, Le Hâvre, Bordeaux, Dunkerque, Rouen, Saint-Nazaire, Bayonne, Cette, Dieppe, Boulogne, Caen, Nantes, Calais et La Rochelle.

La France attache une grande importance à l'entretien et à l'amélioration

1. Les *hâvres* sont des ports naturels qui ne peuvent recevoir que des bâtiments de moyenne grandeur.

2. Les *rades* sont des parties de la mer, plus ou moins abritées, où les bâtiments mouillent en attendant qu'ils puissent entrer au port.

de ses ports maritimes. Elle consacre annuellement à leur extension des sommes considérables et on peut dire que ces dépenses ne sont pas près de prendre fin si l'on tient compte, d'une part, des apports de sables ou de limons qui, sur de nombreux points du littoral, envasent les ports et leur entrée, et d'autre part, du développement incessant de la marine à vapeur et du tonnage de ses navires. D'après M. Colson, il aurait été dépensé, de 1817 à 1896, pour les travaux maritimes, environ un milliard, dont à peine 50 millions avant 1837, et près de 500 depuis 1879. Une loi du 22 décembre 1903 autorise le Gouvernement à poursuivre la réalisation des projets qui tendent à améliorer les ports de Dunkerque, Boulogne, Dieppe, Le Hâvre, Rouen, Saint-Nazaire, Nantes, Bordeaux, Bayonne et Cette.

Cette loi laisse à la charge des intéressés la plus grande partie de la dépense.

Notons enfin, qu'en 1912, les droits perçus dans les ports pour le compte de l'Etat (droits d'importation, de statistique, de navigation, etc.), dépassait le demi-milliard.

Ci-après un tableau donnant, pour chacun des 14 principaux ports, le tonnage correspondant et le nombre des navires, en 1901.

	TOTAL DES ENTRÉES ET SORTIES	
	TONNAGE	NOMBRE DES NAVIRES
Marseille	13.087.098	16.802
Le Hâvre	6.160.563	12.530
Bordeaux	3.892.550	21.495
Dunkerque	3.436.309	5.252
Cherbourg	3.290.387	3.740
Boulogne	2.948.225	5.445
Cette	2.321.450	3.777
Rouen	2.309.957	4.996
Saint-Nazaire	2.176.474	6.202
Calais	1.520.706	4.348
La Rochelle	1.492.040	10.318
Nantes	1.299.207	6.667
Dieppe	920.947	3.677
Saint-Louis du Rhône	757.393	1.903

Pour le port fluvial de Paris, nous trouvons (année 1902), les chiffres suivants :

Poids des marchandises entrées et sorties........ 9.238.056 tonnes
Nombre de bateaux.................................. 45.653 —

Délimitation. — C'est l'Administration qui fixe les limites des ports, hâvres et rades, comme elle le fait pour les autres dépendances du domaine public.

C'est toujours avec cette restriction, consacrée par la jurisprudence du Conseil d'Etat, protectrice du droit de propriété, que les arrêtés déclaratifs de domanialité (par lesquels les préfets maritimes ou des départements sont autorisés suivant la loi du 22 décembre 1789 et les décret-loi du 21 février 1852 à délimiter les ports, hâvres et rades), doivent se borner à constater leurs limites naturelles. Ils ne peuvent, sans excès de pouvoir, se dispenser de recourir aux formalités de l'expropriation pour cause d'utilité publique, à l'effet de leur attribuer des terrains, formant propriété privée, reconnus utiles, par exemple, pour l'exécution des travaux de perfectionnement.

Les ports, hâvres et rades, ainsi que les portions de terre, îles ou rochers détachés des côtes qui peuvent parfois en commander l'entrée, sont classés dans le domaine public, mais il n'en est pas de même des baies de grande étendue, tels que les golfes, soumis aux seules règles de police que régissent la mer territoriale, à moins que ceux-ci ne se trouvent enserrés par des portions de terre dans le domaine maritime de l'Etat riverain.

Ouvrages et outillage des ports. — L'Etat a la charge de baliser et d'éclairer les côtes (1) ; il établit, il améliore et entretient les accès des ports maritimes. Il construit les quais, mais les livre presque toujours dépourvus d'abris et d'engins de manutention.

Antérieurement, les Compagnies de navigation y possédant des lignes régulières et des installations locales étaient seules munies d'outillages spéciaux pour le chargement et le déchargement rapide des navires. Les autres navires étaient réduits à prendre à tour de rôle le quai nu pour s'en servir avec des moyens rudimentaires dans des conditions d'infériorité absolue.

Depuis, les Compagnies de chemins de fer ont établi des voies d'accès entre les navires et les voies ferrées ; les chambres de commerce ou des Compagnies privées ont installé l'outillage nécessaire pour assurer le remorquage, l'amarrage et la réparation des navires, pour accélérer la manutention des marchandises, pour faciliter l'embarquement et le débarquement des voyageurs, etc. : lignes, grues, treuils, pontons, hangars à l'usage du public, moyennant des redevances déterminées.

Les travaux d'établissement ou d'amélioration des ports sont, comme tous les grands travaux publics, autorisés, suivant leur importance, soit par une loi, soit par un décret du Conseil d'Etat (Loi du 27 juillet 1870). Les projets sont préalablement soumis à une commission nautique.

1. Pendant le jour, le littoral est « balisé » au large par des *amers*, des *balises* et des *bouées*, appareils de formes et de constructions diverses, éclairés ou non, munis ou non de signaux sonores, destinés à assurer la sécurité de la navigation, en indiquant, notamment, la position des écueils.

L'éclairage des côtes est assuré par diverses catégories de phares ; les principaux sont les phares de *grand atterrage*, généralement électriques, qui permettent aux marins de reconnaître et rectifier leur position à longue distance. A côté des phares, il y a lieu de mentionner les *feux flottants*, placés sur des bateaux-feus ou pontons mouillés généralement à l'entrée d'une passe, établis sur des points où la construction d'un phare serait irréalisable.

On distingue les *feux fixes*, blancs, rouges ou verts ; les *feux à occultations* ; les *feux à colorations et occultations* ; les *feux fixes à éclats* ; les *feux à caractères combinés ou mixtes*.

Le nombre des phares français est d'environ 600.

Les ouvrages des ports peuvent être divisés en trois catégories :

1° Ceux qui servent à abriter ou faciliter l'entrée du port, tels que môles, brises-lames et jetées ;

2° Ceux qui servent à l'accès et au stationnement des navires : avant-ports, écluses, bassins à flot (divisés eux-mêmes ou darses) ;

3° Enfin les ouvrages d'accostage, quais, appontements, estacades, cales et débarcadères.

Les *formes* ou *bassins de radoub* sont classées dans l'outillage ; mais, comme leur établissement est fort onéreux, c'est généralement l'Etat qui en assure la construction, et les exploite en régie à défaut d'adjudicaire.

Les *voies ferrées*, qui relient les quais maritimes aux chemins de fer voisins, sont assimilées aux tramways et concédées dans les conditions fixées par le chap. 2 de la loi du 11 juin 1880.

Les cahiers des charges joints aux décrets délibérés en Conseil d'Etat, qui autorisent l'établissement ou l'exploitation des organes de l'outillage public, sont dressés conformément au modèle-type arrêté le 19 janvier 1886 par le Ministre des Travaux publics.

Ce modèle donne toutes précisions d'ordre technique et prévoit le contrôle de l'Etat. Généralement, les concessions d'outillages publics des ports sont faites à une chambre de commerce ; dans ce cas, les tarifs sont calculés de façon que l'exploitation ne laisse ni perte, ni bénéfice.

La loi du 7 avril 1902 permet d'établir des péages locaux temporaires, pour assurer le service des emprunts contractés en vue de subvenir à l'établissement, à l'amélioration ou au renouvellement des ouvrages ou de l'outillage public d'exploitation des ports et de leurs accès.

Police. — Des arrêtés préfectoraux règlent la police des ports. Dans chacun d'eux résident « des officiers de port ». Ils sont placés sous la direction des ingénieurs et ont une autorité absolue sur les mouvements qui s'effectuent dans les bassins. Ce sont les capitaines, lieutenants et maîtres de port, qui relèvent du Ministre des Travaux publics et du service des ponts et chaussées. Ces agents veillent à la propreté et à la sûreté matérielle des rades, des passes, des ports, bassins, quais et autres ouvrages : contrôlent l'éclairage des phares, fanaux et signaux, règlent l'ordre d'entrée et de sortie des navires, etc. Ils sont recrutés, soit parmi les anciens officiers et maîtres de la marine de l'Etat, soit parmi les anciens capitaines au long cours et maîtres au cabotage. Les navires étrangers se trouvant dans les ports jouissent toutefois d'une juridiction spéciale. En ce qui concerne les navires de guerre de puissances étrangères, ils sont eux-mêmes considérés comme une portion du territoire de la nation dont ils portent le pavillon. Les autorités locales ne peuvent y effectuer aucun acte de police ou de juridiction, bien que les navires de guerre, comme tous autres, doivent respecter les lois et règlements du pays où ils sont admis à séjourner. Il en est de même des corsaires munis de lettres de marque régulières et des navires ou yachts de plaisance portant des souverains ou leurs représentants. Ces règles ne sont toutefois pas applicables aux bâtiments employés à des services publics, tels que des paquebots, à moins de conventions postales en disposant autrement.

Ce privilège d'exterritorialité reçoit une application moins étendue en ce qui concerne les navires de commerce étrangers qui ne représentent pas la force et la puissance publiques de leur pays. L'Etat maître du port ne doit exercer de juridiction, à l'occasion des crimes et délits, dont l'auteur ou la victime appartient à l'équipage d'un navire étranger, que lorsque cet Etat y est intéressé et que la tranquillité du port est troublée. Ce n'est donc qu'autant que les faits ne touchent ni aux intérêts de l'Etat dans les eaux duquel il est mouillé, ni à la tranquillité du port, qu'un navire de commerce jouit du privilège de l'exterritorialité et, par suite, échappe à l'action de la police et de la juridiction locales.

Une loi toute récente a organisé l'autonomie des ports maritimes de commerce (voir les remarques importantes à la fin de la 1re partie).

CHAPITRE II

Le Domaine fluvial

§ 1. — Condition juridique des eaux composant ce domaine

Les rivières navigables ou flottables et les canaux de navigation constituent le domaine public fluvial énuméré par les art. 2 de la loi des 22 novembre, 1er décembre 1790 et 538 du Code civil.

La distinction entre les rivières navigables et celles qui n'ont pas cette qualité est faite par l'aptitude matérielle à porter bateau, même si cette aptitude a été artificiellement obtenue. On y assimile l'aptitude à porter des trains de bois ou radeaux : c'est pour cette raison qu'il a été précisé dans les différents textes « rivières *navigables* ou *flottables* ». Une rivière *flottable* est celle qui, sans être apte à la navigation, peut servir au transport des bois par le flottage ou flottaison. On distingue deux espèces de flottages, le flottage *avec trains ou radeaux*, qui s'effectue en reliant les bois à transporter les uns aux autres, de manière à en former un train ou radeau, et le flottage à *bûches perdues*, qui a lieu lorsque chaque bûche navigue isolément. Il n'y a que les rivières flottables *avec trains ou radeaux* qui fassent partie du domaine public (art. 1er de la loi du 15 avril 1829, et 30 et 34 de la loi du 8 avril 1898).

Bien qu'il y ait eu de tout temps de nombreux intérêts à distinguer les rivières faisant partie du domaine public de celles échappant à la domanialité, ce n'est qu'en 1829 qu'a été reconnue la nécessité de préciser quels cours d'eau seraient ou non considérés comme dépendances du domaine public. On décidait alors que la pêche dans les rivières navigables ou flottables serait exploitable au profit de l'État, tandis qu'elle appartiendrait aux riverains dans les moindres cours d'eau et, pour l'application de cette décision, la loi du 15 avril 1829 a prescrit, en son art. 3, que les ordonnances royales détermineraient après enquête « quelles sont les parties des fleuves et rivières et quels sont les canaux navigables ou flottables ». Par application de ce texte, une ordonnance du 10 juillet 1835 a donné la liste de ces cours d'eau ; plusieurs décrets ont, depuis lors, modifié cette liste.

Avant la loi du 8 avril 1898 qui a réglementé le régime des eaux, les règles applicables aux cours d'eau étaient empruntées soit aux usages anciens, soit à des règlements écrits pour donner satisfaction à des besoins particuliers. Aussi cette loi d'ensemble s'imposait et, dès 1808, on avait reconnu son utilité. Des commissions consultatives instituées à cette époque dans chacun des 26 chefs-lieux de cour d'appel furent appelées à donner leur avis sur le projet qui en avait été établi et qui fut repris, à différentes dates, sous la Restauration, sous la monarchie de Juillet, sous le second Empire ; puis en 1870, époque à laquelle un projet complet fut élaboré par le Conseil d'Etat, projet repris en 1876 et déposé au Sénat par le gouvernement, pour être enfin définitivement voté le 8 avril 1898.

Cette loi comporte 4 titres principaux et 53 articles. Les 3 premiers titres ont surtout pour objet de combler des lacunes du Code Civil et sont consacrés, le premier aux eaux fluviales et aux sources ; le second aux cours d'eau non navigables et flottables ; le titre 3 aux rivières flottables à bûches perdues ; enfin, le titre 4 est divisé en 3 chapitres intitulés : 1° des droits du domaine et des riverains ; 2° des concessions et autorisations ; 3° des servitudes.

Le texte de ce titre 4 de la loi du 8 avril 1898 augmente l'étendue du domaine public prévue jusqu'alors, par dérogation à l'art. 2 de la loi domaniale de 1790 et à l'art. 538 du Code Civil, sous trois rapports bien distincts.

Ci-après, à ce sujet, le texte même de l'art. 34 de la dite loi :

« Les fleuves et les rivières navigables ou flottables avec bateaux, trains « ou radeaux, font partie du domaine public depuis le point où ils commen- « cent à être navigables ou flottables, jusqu'à leur embouchure. Font égale- « ment partie du domaine public : 1° les bras même non navigables et non « flottables, lorsqu'ils prennent naissance au-dessous du point où les fleuves « et rivières commencent à être navigables ou flottables ; 2° les noues et boires « qui tirent leurs eaux des mêmes fleuves et rivières ».

Cet article place ainsi dans le domaine public, même les parties non navigables ni flottables des fleuves et rivières qui peuvent se trouver entre le point où ils « commencent à être navigables ou flottables et leur embouchure », alors que, d'après les textes de 1790 et de 1804, les parties navigables et flottables des fleuves et rivières formaient seules des dépendances du domaine public.

En second lieu, l'art. 34 sus-indiqué attribue au domaine public (§ 2), « les « bras mêmes non navigables et non flottables lorsqu'ils prennent naissance « au-dessous du point où les fleuves et rivières commencent à être naviga- « bles ou flottables ».

Enfin, en dernier lieu, il ajoute au domaine public les noues (parties basses des vallées noyées d'eau) et les boires (bras secondaires) qui « tirent leurs eaux des mêmes fleuves et rivières ».

Bien que ce texte ne s'applique pas aux amas d'eau formés dans les terres par simple infiltration, inondation, ou crue même périodique, mais seulement aux noues et boires en communication constante avec les fleuves et rivières du domaine public, il n'en est pas moins vrai que l'art. 34 de la loi du 2 avril 1898 constitue à cet égard un texte spécial, attribuant au domaine public des dépendances non navigables ni flottables des fleuves et rivières qui, d'après les art. 2 de la loi de 1790 et 538 du Code Civil, n'en faisaient pas partie.

Cette disposition nouvelle de l'art. 34 de la loi du 8 avril 1898 n'était pas indispensable pour étendre les règles protectrices de la grande voirie aux dépendances non navigables ni flottables des fleuves et rivières qui sont soumis à ces règles; elle a toutefois pour conséquence de faire disparaître toute difficulté, notamment en ce qui concerne les noues auxquelles la jurisprudence ne pouvait également étendre l'application des règles relatives à la police de la grande voirie qu'autant que l'entreprise exerçait une influence contraire à la navigation d'un cours d'eau.

La distinction écrite dans l'art. 35 ci-après de la loi du 8 avril 1898 sert, d'ailleurs, de base à la solution de ces questions relatives à la police de la voirie :

« Les dérivations ou prises d'eau artificielles établies dans des propriétés « particulières ne font pas partie du domaine public, à moins qu'elles n'aient « été pratiquées par l'Etat, dans l'intérêt de la navigation ou du flottage. Ces « dérivations sont régies par les dispositions des actes qui les ont autorisées ».

Ce texte nouveau divise ainsi en trois catégories les dérivations ou prises d'eau artificielles sur des fleuves et rivières navigables, dans des propriétés particulières : 1° celles qui n'ont été pratiquées, ni par l'Etat, ni dans l'intérêt de la navigation ou du flottage et qui restent en dehors du domaine public ; 2° celles qui réunissent au contraire ces 3 conditions ; 3° celles dont les actes d'autorisation contiendraient des prescriptions exceptionnelles.

§ 2. — Rivières navigables ou flottables. — Détermination des cours d'eau navigables; délimitation ; police.

Nous avons vu que l'art. 34 de la loi du 8 avril 1898 dit que les fleuves et rivières navigables et flottables avec bateaux, trains ou radeaux, font partie du domaine public « depuis le point où ils commencent à être navigables ou « flottables jusqu'à leur embouchure ». Cette définition donne lieu aux observations ci-après :

1° Il n'y a pas à rechercher si l'aptitude à porter bateau a été obtenue artificiellement ou dérive de l'état naturel des lieux. C'est ainsi que tel cours d'eau non navigable peut être rendu navigable, et, comme les droits des riverains des cours d'eau non navigables sont différents de ceux des riverains des fleuves, le passage obligé d'une situation à l'autre doit donner lieu à des règlements de compte.

2° La domanialité publique des rivières navigables est indépendante de tout classement, et, bien que la loi sur la pêche prescrive que des ordonnances détermineront les parties de rivière où la pêche sera exercée au profit de l'État, la jurisprudence n'a jamais refusé d'appliquer les règles des rivières navigables à des cours d'eau ayant cette qualité, mais ne figurant pas sur les listes dressées en conformité de cette loi.

La question de savoir si tel cours d'eau est ou n'est pas navigable peut être soulevée devant les juridictions administrative ou judiciaire. S'il y a contestation sur le caractère du cours d'eau, la constatation de la domanialité est exclusivement de la compétence de l'autorité administrative et doit être faite par un décret pris après enquête.

3° La loi du 8 avril 1898 est muette aussi bien sur le mode de constatation officielle de la ligne où commence la navigabilité que sur la question de savoir comment sera constatée la limite du cours d'eau à son embouchure. Cette difficulté reste soumise au décret du 21 février 1852 dont il a été parlé à propos de la délimitation des rivages de la mer.

Limite entre le fleuve et la mer. — Il y a souvent intérêt à savoir où se place au juste la limite entre le fleuve et la mer; par exemple, les alluvions des cours d'eau appartiennent aux riverains, alors que les lais et relais de la mer appartiennent à l'État. La même question se pose, sans qu'on ait, d'ailleurs, à lui donner une solution identique, en ce qui concerne l'inscription maritime, et à propos de la pêche, comme aussi au point de vue de la compétence pour la délimitation des rivages.

Il n'y a pas pour ces différentes matières une règle uniforme. En ce qui concerne l'inscription maritime, la loi du 24 décembre 1896 déclare compris dans ses limites ceux qui exercent la navigation « dans les fleuves, rivières « et canaux, jusqu'au point où remonte la marée, et pour ceux où il n'y a pas « de marée jusqu'à l'endroit où les bâtiments de mer peuvent remonter ».

Pour la pêche, la base de délimitation est la salure des eaux.

En ce qui touche la délimitation des rivages et l'attribution des lais ou alluvions, l'administration de la marine, qui est chargée d'en déterminer les limites, se base sur des considérations de fait, en tenant compte du parallélisme des rives, de la flore et de la faune, de la configuration du terrain, etc...

La navigation fluviale n'est, d'autre part, soumise à aucune prescription d'ordre administratif. Les canaux, fleuves, rivières sont construits, aménagés ou entretenus par l'administration et leur usage est presque universellement gratuit, sauf en ce qui concerne quelques canaux dont l'usage reste soumis à des péages.

Le service spécial de la navigation relevant du ministère des Travaux publics est chargé de l'entretien des barrages et de la manœuvre des écluses sur les rivières et canaux et, sur quelques voies fréquentées, les services administratifs assurent les moyens de locomotion.

La traction des péniches se fait par le halage, le touage ou le remorquage.

Le halage se pratique le plus souvent par traction animale, exceptionnellement par traction mécanique et parfois à col d'homme.

Si le halage consiste en un système de relais de chevaux installés par les soins de l'administration, il est considéré comme service public, mais le plus souvent il est effectué par des chevaux appartenant quelquefois aux transporteurs ou loués pour le parcours total à effectuer. C'est, dans ce dernier cas, ce qu'on nomme le halage aux longs jours.

Le remorquage s'effectue librement. Le touage, au contraire, qui exige le mécanisme particulier de la chaîne sur laquelle le toueur prend son point d'appui est exploité par des concessionnaires ou par des fermiers, ou même en régie.

Délimitation du lit des fleuves et rivières navigables. — La délimitation des rives des fleuves et rivières navigables est faite, aux termes de l'art. 36 de la loi du 8 avril 1898, par arrêtés préfectoraux « rendus après enquête, sous « l'approbation du Ministre des Travaux publics ».

Les prescriptions de cet article ont amélioré la pratique antérieure basée sur la loi du 22 décembre 1789, qui, en fait, laissait le droit aux préfets de limiter le domaine public. Aucune enquête n'était exigée, non plus qu'aucune approbation ministérielle. Grâce à l'enquête exigée maintenant, des garanties sont accordées aux riverains. Les délimitations deviennent ainsi contradictoires et, par son pouvoir de contrôle, le ministre se trouve être l'arbitre indiqué entre les prétentions des riverains et les actes des administrateurs.

L'art. 36 de la loi du 8 avril 1898 fixe encore, in fine, les bases de la détermination des rives des fleuves et rivières navigables « à la hauteur des eaux « coulant à pleins bords avant de déborder », par exclusion de la ligne, soit des eaux navigables, soit des eaux moyennes, également difficiles à déterminer, et, enfin, la constatation de l'ouverture du recours au Conseil d'Etat par la voie contentieuse contre l'arrêté de délimitation.

Il ajoute que les arrêtés « seront toujours pris sous la réserve des droits « de propriété ». Cette partie finale de l'art. 36 consacre ainsi la jurisprudence admise par le Conseil d'Etat à partir de 1860. Elle est le pendant de la réserve du droit des tiers du décret du 21 février 1852, concernant la délimitation des rivages de la mer.

On ne saurait cependant voir dans cette fin de l'art. 36 un droit des riverains à se faire indemniser, si la limite du domaine public, constatée par l'Administration, ne coïncide pas avec la limite de la propriété privée constatée par la justice.

En cas de contestation, les riverains peuvent user du recours contentieux ; s'ils n'en usent pas ou si le recours échoue, la délimitation administrative doit être tenue pour exacte. Les droits des tiers qu'on entend réserver ne sont, d'ailleurs, que ceux qui auraient été légalement concédés à l'encontre du domaine avant 1566 ou par l'effet des ventes des biens nationaux. Cette réserve du droit des tiers est également nécessaire dans le cas où la limite nouvelle n'aurait été obtenue qu'artificiellement et par des travaux accomplis.

La controverse qui s'est élevée au sujet des décisions de la Cour de Cassation et du Tribunal des conflits, tendant à admettre au bénéfice d'une indemnité des riverains dépossédés par les décrets de délimitation, est nettement résolue par le texte même de l'art. 36 réglant la question, et cette opinion résulte, d'ailleurs, clairement des travaux préparatoires de la loi du 8 avril 1898.

Police. — Les dispositions de détail des pouvoirs de police de l'administration sur les cours d'eau navigables ou flottables sont comprises dans de nombreuses ordonnances ou réglements antérieurs pour la plupart à la Révolution. La loi du 8 avril 1898 ne contient que quelques indications à ce sujet. Il y a lieu de retenir trois ordres de mesures diverses ayant pour objet d'assurer la conservation des cours d'eau, de garantir la libre circulation et de réglementer la pêche (il sera parlé de cette dernière au § « pêche fluviale ».

a) *Police de la conservation.* — Afin qu'aucun acte ne modifie l'état matériel des cours d'eau, l'administration a édicté des règlements aux termes desquels il est défendu de prendre des pierres ou graviers, de planter des pieux, de jeter des débris, d'occuper le lit des rivières, d'ouvrir des carrières à moins d'une certaine distance des rives ; d'autre part, si, par suite d'un naufrage ou par l'effet de tout autre accident, la rivière se trouve encombrée du fait d'un particulier, il est fait obligation à celui-ci d'enlever les épaves et de procéder au déblaiement.

Les contraventions à ces règlements administratifs sont de la compétence des conseils de préfecture et les contrevenants sont toujours astreints à réparer le dégât matériel ; ils peuvent être, en outre, condamné à des amendes fixées de 16 à 300 francs.

La police de conservation a également dans ses attributions les questions des concessions et autorisations d'utilisation des eaux, dont il est traité dans les articles 40 et suivants de la loi de 1898.

L'Administration peut ainsi permettre certaines utilisations spéciales des cours d'eau, soit pour l'agriculture, soit pour l'industrie. Ce sont les préfets qui statuent sur les demandes d'autorisations, sauf recours au ministre, après enquête et sur l'avis des ingénieurs. Ils fixent la durée de l'autorisation qui, en principe, ne doit jamais dépasser deux ans. Aux termes de l'art. 43, il faut un décret du Conseil d'Etat pour une occupation de plus longue durée.

b) *Police de la navigation.* — Les règlements anciens de la police de la navigation compris notamment dans l'ordonnance de décembre 1872, relative à la Seine, et l'arrêt du Conseil du 24 juin 1877 ont été coordonnés et remaniés — mais non abrogés — par le décret du 8 octobre 1901. Cette police, qui correspond à celle du roulage, impose des précautions aux bateliers, comme il en est imposé aux voituriers.

Les contraventions aux règlements sur la navigation fluviale sont de la compétence des Conseils de Préfecture, sauf les deux exceptions ci-après :

1° Quand les règlements anciens prononcent des peines corporelles qui ne peuvent recevoir leur application que devant la juridiction de droit commun, les Conseils de préfecture n'étant, en effet, jamais compétents pour prononcer l'emprisonnement.

2° Le décret du 8 octobre 1901 contient un certain nombre de prescriptions qui n'étaient pas explicitement contenus dans les règlements anciens ni sanctionnés ; l'application de ces prescriptions doit être procurée par les tribunaux de droit commun, c'est-à-dire par le juge de paix, conformément à l'art. 471 — 15° C. pén.

Il peut, d'ailleurs, en être de même pour les arrêtés préfectoraux pris pour faciliter l'application, soit des anciens règlements, soit du décret du 8 octobre 1901 qui a laissé subsister les anciennes ordonnances, avec leurs sanctions et leurs règles de compétence.

§ 3. — Charges et droits des riverains ; servitudes de halage et marchepied ; administration et exploitation des voies navigables.

Les riverains d'un cours d'eau navigable sont astreints à la *servitude de halage*, qui consiste à laisser sur le bord du cours d'eau qu'ils bordent un chemin de 7m 80 pour le passage des chevaux. Cette servitude est certainement la plus lourde de celles qui pèsent sur les fonds riverains. Elle est aussi ancienne que la navigation, dont elle est la conséquence nécessaire. Ils ne peuvent, en outre, planter des arbres ou installer des clôtures à moins de 9m 75 du côté où est établi le chemin de halage.

Il sont astreints également à la *servitude de marchepied* sur l'autre rive. Cette servitude leur impose seulement l'obligation de laisser un chemin de 3m 25 sur cette rive.

L'espace de terrain, qui borde la rivière ou le canal au delà des digues ou du chemin de halage, est désigné sous le nom de *franc-bord*.

On ne prescrit pas contre la servitude de halage mais, dans l'intérêt des riverains, la loi de 1898 a apporté des dérogations à cette règle. Autrefois, le propriétaire du terrain bordant un cours d'eau navigable ne pouvait pas, s'il voulait construire à la limite réglementaire, obtenir un arrêté d'alignement.

Cet arrêté ne se donne, en effet, que pour indiquer la limite séparative entre la propriété privée et la voie publique, alors qu'ici il s'agit de *passage* public sur la propriété privée; et le propriétaire qui avait construit à moins de 9^m 75, pouvait être astreint à faire démolir l'édifice. L'art. 48 de la loi de 1898 a remédié à cet inconvénient. Il permet au propriétaire de faire reconnaître la limite de la servitude et si, dans un délai de trois mois à compter de la demande que le propriétaire adresse à cette fin, la limite n'a pas été fixée par l'Administration compétente, les constructions faites par le riverain ne pourront plus être supprimées qu'après règlement comportant le paiement d'une indemnité.

L'art. 49 de la même loi prévoit le cas de l'établissement de la servitude de halage quand, par suite de travaux accomplis, un cours d'eau devient navigable ou encore le cas de report du halage d'une rive sur l'autre. Le propriétaire qui subit ces nouvelles servitudes doit alors être indemnisé, et le montant de l'indemnité à lui accorder est fixée, après expertise, par le juge de paix.

En regard de ces charges, les riverains bénéficient des alluvions. Leur droit à ces alluvions, de même qu'aux relais des rivières, est établi par les articles 556 et 557 du Code Civil.

Les alluvions, ainsi que le définit l'art. 556, sont les atterrissements et accroissements qui se forment *successivement* et *imperceptiblement* aux fonds riverains.

Des difficultés se sont produites au sujet de l'incorporation à la propriété privée des alluvions artificielles produites par le fait de travaux accomplis. Or, le texte même de l'art. 556 rappelé ci-dessus démontre bien que le législateur n'a pas entendu régler le sort de ces alluvions artificielles. Il en est de même pour l'art. 557 qui attribue les relais aux riverains; il faut entendre les relais naturels que forme l'eau qui se retire en se portant insensiblement d'une rive sur l'autre.

La question de savoir si, par analogie, les riverains ont des droits aux alluvions et relais produits par l'exécution de travaux publics doit être résolue par une distinction. Il faut reconnaître la qualité d'alluvions aux atterissements qui se forment *successivement* et *imperceptiblement* sur les rives, même quand ces alluvions sont la résultante de travaux exécutés. Par contre, cette qualité doit être refusée aux terrains conquis d'un seul coup, ou au moins quand ils sont la conséquence immédiate de travaux d'endiguement.

A ce sujet, la loi du 8 avril 1898, art. 39, dit que les *alluvions naturelles* demeurent réglées par le Code Civil (1). Mais, d'autre part, l'art. 38 n'oppose aux alluvions naturelles que *les portions de lit enlevées au domaine public par des travaux légalement faits* et il n'est pas question des *alluvions artificielles*. Celles-ci n'étant pas autrement réglées, on peut donc admettre, comme nous l'avons dit plus haut, qu'il y a accession pour tout ce qui s'ajoute au terrain des riverains d'une manière successive et imperceptible, quelle qu'en soit, d'ailleurs, la cause.

1. Voir, dans la partie documentaire, les articles du Code Civil sur la question.

Curage. — Le curage des cours d'eau navigables ou flottables, et de leurs dépendances faisant partie du domaine public, est à la charge de l'Etat(1).

Administration des voies fluviales. — Elle est placée, comme celle de toutes les voies de transport d'intérêt général, dans les attributions du Ministre des Travaux publics.

A la tête des services locaux, sont placés des ingénieurs en chef des Ponts et Chaussées. Les services d'ingénieurs en chef sont divisés en arrondissements d'ingénieurs ordinaires.

Les ingénieurs sont assistés par des conducteurs et des commis des Ponts et Chaussées.

Enfin, la garde des voies et la manœuvre des ouvrages sont confiées à des agents inférieurs : gardes de navigation, éclusiers, pontiers, etc.

Le décret du 15 février 1902 a institué auprès du Ministre un comité consultatif de la navigation intérieure et des ports.

Exploitation des voies navigables. — L'Etat se charge d'assurer l'établissement, l'entretien et la police des voies navigables ; mais il laisse à l'industrie privée le soin d'y pratiquer la navigation, de les utiliser au moyen de véhicules et de moteurs, sous la seule condition de ne pas compromettre la conservation des ouvrages et de ne pas porter atteinte à la liberté et à la sûreté de la navigation.

§ 4. — Pêche fluviale.

Elle est réglée par des règlements généraux et particuliers, notamment le dernier règlement du 5 septembre 1897, ainsi que par la loi spéciale du 15 avril 1829, modifiée par les lois des 6 juin 1840 et 31 mai 1865, et dont les principes généraux sont les suivants :

Dans les fleuves, rivières et canaux navigables ou flottables, le droit de pêche est exercé au profit de l'État. Ce droit appartient aux riverains dans les autres cours d'eau.

Quand le droit de pêche est réservé à l'Etat, l'Administration l'afferme par cantonnements, en adjudication publique. Ces adjudications constituent des actes de gestion et les difficultés qui peuvent s'élever entre l'adjudicataire et l'Administration sont portées devant les tribunaux civils.

D'autre part, les délits constituant des infractions aux règlements sur la

1. Néanmoins, un règlement d'administration publique peut, les parties intéressées entendues, appeler à contribuer au curage les communes, les usiniers, les concessionnaires des prises d'eau et les propriétaires voisins qui, par l'usage exceptionnel et spécial qu'ils font des eaux, rendant les frais de curage plus onéreux (L. 1898, art. 53).

pêche sont passibles des peines correctionnelles déterminées suivant leur gravité. Ils sont poursuivis devant les tribunaux correctionnels, soit à la requête de l'Administration, soit des fermiers lésés.

Des agents spéciaux, ayant le titre de « gardes-pêche », sont chargés de surveiller l'exécution des règlements prévus pour la pêche. Ils constatent les contraventions, ainsi, d'ailleurs, que les gardes-champêtres, éclusiers et officiers de police judiciaire quelconques.

La pêche à la ligne flottante tenue à la main est libre, le temps du frai excepté, dans les fleuves, rivières et canaux où le droit de pêche s'exerce au profit de l'Etat. Cela ne veut pas dire que des règlements généraux ou particuliers ne peuvent pas subordonner la pêche à la ligne à différentes précautions, quant aux heures, aux engins ou aux amorces par exemple.

Mais un arrêté préfectoral ne saurait, sous peine d'être entaché d'excès de pouvoir, l'interdire sur un point quelconque du domaine où elle est permise par la loi.

§ 5. — Les Canaux de navigation.

Bien que n'étant pas nominativement classés dans le domaine public par la disposition énonciatrice des art. 2 de la loi domaniale des 22 novembre, 1er décembre 1790 et 538 du Code Civil, les canaux de navigation, en vertu de la disposition générale terminale de ces articles, doivent être placés dans les dépendances de ce domaine.

Le plus grand nombre des canaux existant datent, d'ailleurs, du XIXe siècle. Ils ont été construits par l'Administration, comme les routes, ou par des concessionnaires, pour servir à la circulation et au transport des personnes et des choses.

On distingue en France trois sortes de canaux : 1° les canaux exploités et entretenus par l'Administration ; 2° les canaux concédés à temps ; 3° les canaux concédés à perpétuité.

Leur nombre est d'environ 80, pour une longueur moyenne totale de 5.500 km.

Envisagés au point de vue de leur régime, les canaux de navigation se divisent en canaux *latéraux* (qui ont un seul versant compris dans le même bassin et, par suite, une même pente ; ils sont alimentés par les eaux dérivées des fleuves ou rivières : canal latéral à la Loire, à la Garonne, etc.), et en *canaux à point de partage* (qui joignent deux ou plusieurs bassins).

La plupart de nos canaux sont à point de partage. Ils sont alimentés, soit par des sources et des courants supérieurs, dont les eaux sont dirigées vers le point de partage par des rigoles d'alimentation ; soit par des réservoirs, soit enfin, par des prises d'eau effectuées dans les cours d'eau dépendant du bassin que traverse chaque versant.

La pente des canaux est rachetée par différents ouvrages : ascenseurs, plans inclinés, écluses.

Le bief est la partie de canal comprise entre deux écluses, une écluse comprend généralement deux paires de portes, l'une en amont, l'autre en aval, et deux murs latéraux appelés *bajoyers*.

On appelle *sas* l'espace compris entre les portes d'amont et d'aval ; c'est dans cet espace que le bateau introduit dans le bief s'élève ou s'abaisse pour passer d'un bief dans l'autre.

Etablissement. — Les canaux de navigation doivent être déclarés d'utilité publique par une loi ou par un décret en forme de règlement d'administration publique, suivant que leur longueur excède ou non 20 k^{ms}.

Délimitation. — Elle résulte, en général, des titres légaux (en suite d'expropriation, notamment), qui déterminent tout naturellement la consistance légale du canal.

Bien entendu, la connaissance des limites des canaux qui n'ont qu'une utilité privée appartient aux tribunaux civils.

Parmi les canaux les plus importants, il convient de citer : le canal du Midi, 279 kil. ; le canal de l'Est (branche Nord), 272 kil. ; le canal de Nantes à Brest, partie de Redon à Châteaulin, 265 kil. ; le canal de Bourgogne, de la Roche à Saint-Jean-de-Losne, 242 kil. ; le canal latéral à la Loire, 219 kil. ; le canal latéral à la Garonne, 213 kil. ; le canal de la Marne au Rhin, 210 kil. ; le canal du Rhône au Rhin, 186 kil. ; le canal du Nivernais, 178 kil. ; le canal du Berry, 2ᵉ branche, de Fontblisse à Noyers, 142 kil. ; le canal du Centre, ligne principale, 116 kil. ; le canal de l'Ourcq, de Port-aux-Perches à Paris-la-Villette, 108 kil.

On transporte surtout par canaux les marchandises lourdes et encombrantes, non susceptibles de se détériorer et, parmi ces marchandises, les combustibles minéraux, ainsi que les produits de l'industrie métallurgique, occupent de beaucoup la place la plus considérable dans leur trafic.

Malgré les rachats de concessions de canaux effectués par l'Etat, afin de supprimer les péages et de diminuer les frais de transport sur ces voies navigables, il restait encore, en 1880, 1.030 kilomètres de canaux concédés.

Depuis, l'Etat a racheté, en 1898, le canal latéral à la Garonne et le canal du Midi, représentant à eux deux près de 500 kilomètres de canaux.

Ce qui a été dit de la police des cours d'eau navigables, soit au sujet de la conservation, soit au sujet de la navigation ou de la pêche, doit être étendu largement aux canaux.

Par contre, la nature même des choses impose des différences en ce qui concerne les droits et les charges des riverains.

Les alluvions et les relais n'existent pas dans les canaux et il n'y a pas non plus de servitudes exigibles de halage et de marchepied. L'art. 49 de la loi du 8 avril 1898, a, d'ailleurs, réglé la question sur ce dernier point en ce qui concerne les servitudes nouvelles créées au bord des cours d'eau navigables et, par voie d'analogie, cette règle s'applique aux canaux quand l'Administration n'a pas eu soin d'acheter, en même temps que le terrain nécessaire à l'établissement du canal, celui qu'exige sur les bords, la constitution d'un chemin de halage.

§ 6. — Ponts ; bacs et passages d'eau.

Etablis, avec ou sans péage, sur les fleuves, canaux de navigation, rivières navigables ou flottables, les ponts font partie du domaine public national, à moins qu'ils ne se trouvent dans le parcours des voies appartenant au domaine public départemental ou communal (L. 14 floréal, an X, art. 11). Les préfets ne peuvent, sans excès de pouvoir, autoriser l'établissement de ponts sur les rivières navigables, sans que les projets aient été soumis à une enquête prescrite par l'ordonnance du 23 août 1835 et approuvés par l'Administration supérieure (arrêté du 19 ventôse, an VI).

Pendant longtemps, la construction des ponts a été confiée à des entrepreneurs qui étaient autorisés à se faire payer par le prélèvement d'un péage.

Ce système, condamné pour les routes, a survécu pendant quatre-vingts ans aux routes à péage. Il a été interdit par la loi du 30 juillet 1880, sauf cependant en ce qui concerne les ponts des chemins vicinaux.

Pour les ponts des routes nationales existant à cette époque, le rachat en a été ordonné, alors que ce rachat n'a été que facilité en ce qui concerne les ponts des routes départementales.

Les conditions du rachat sont fixées par convention. A défaut, une commission composée d'un délégué choisi par le concessionnaire, d'un autre choisi par le concédant, d'un troisième choisi par les deux premiers, et, s'ils ne s'entendent pas, par le président du tribunal sur la liste des jurés d'expropriation, peut être chargée de déterminer l'indemnité à accorder.

Les ponts qui relient les routes nationales ont été rachetés avant 1889. Il n'y a pas eu de délai fixé pour les autres ponts.

L'installation de bacs et passages d'eau faisait autrefois partie du droit des seigneurs qui a été supprimé par la Révolution et rétabli, au profit de l'Etat, par la loi du 6 frimaire, an VII.

Les droits de péage des bacs qui relient les routes départementales et les chemins vicinaux de grande communication ont été attribués aux départements par la loi du 10 août 1871, art. 58, § 6. L'Etat conserve les autres bacs reliant les chemins vicinaux ordinaires, même sur les rivières non navigables.

La création et la concession d'un bac se font conformément aux règles édictées par la loi. L'exploitation est adjugée au plus offrant et le tarif adopté doit être approuvé par décret en Conseil d'Etat.

Un cahier des charges détermine les conditions d'exploitation. D'autre part, les bacs étant regardés comme faisant partie de la voirie, les contestations qui peuvent s'élever entre le fermier et l'Administration sont jugées administrativement.

CHAPITRE III

Régime légal des eaux courantes; prises d'eau, barrages et usines sur les cours d'eau

Remarques générales. — Nous avons vu que la navigabilité est *l'aptitude d'un cours d'eau à la navigation*, c'est-à-dire au transport, par bateaux, des voyageurs et marchandises. Il importe peu que cette aptitude du cours d'eau à servir de voie de transport soit *naturelle* ou *artificielle*; tout cours d'eau navigable, en raison de sa navigabilité même, fait partie du domaine public (1). A la navigabilité, l'art. 538 du Code Civil et la loi du 8 avril 1898 ont assimilé *le flottage par trains et radeaux*, affecté, comme la navigation, au transport des marchandises, *mais non le flottage à bûches perdues*.

Précisons bien, que la *navigabilité* et la *flottabilité* sont des circonstances de fait, auxquelles la loi a attaché la domanialité publique, sans qu'il soit nécessaire pour cela d'un acte administratif quelconque. Mais l'autorité administrative est seule compétente pour connaître de la question, pour constater, par l'exemple, l'aptitude physique du cours d'eau constitutive de la navigabilité.

Navigabilité ou flottabilité (par trains ou radeaux), d'une part, et *classement dans le domaine public*, d'autre part, servant de base à la division, ou deux grandes classes, des cours d'eau qui sillonnent le territoire de la France.

La première classe comprend des fleuves et rivières navigables et flottables, dépendances du domaines public; dans la seconde, se trouvent tous les autres cours d'eau non navigables ni flottables (ou flottables à bûches perdues), qui ne font pas partie du domaine public, c'est-à-dire les petites rivières et les ruisseaux, ou eaux courantes.

Les cours d'eau de la première catégorie ayant fait l'objet du chapitre précédent, il nous reste à étudier les eaux non navigables ou flottables, ou eaux courantes.

1. Au contraire, sous notre ancien droit, la navigabilité devait être *naturelle* : « Déclarons la propriété de « tous les fleuves et rivières portant bateaux de leurs fonds, sans artifice et ouvrage de mains, dans notre « royaume ou terres de notre obéissance, faire partie du domaine de notre couronne ». (Ordonnance de 1669, titre XXVII, att. 41).

§ 1. — Régime légal des eaux courantes.

a) *Dispositions communes aux deux catégories de cours d'eau.* — Tout d'abord, les eaux courantes sont, comme les eaux navigables et flottables, *assujetties au droit de police de l'Etat.*

Cela se conçoit, puisque la sûreté et la salubrité publiques sont ici en jeu, puisqu'il s'agit, en particulier, de prévenir ou réparer les désastres des inondations et d'assurer le libre cours des eaux au profit de l'agriculture, du commerce et de l'industrie.

Ce droit de police de l'Administration est consacré par de nombreux textes : loi des 22 décembre 1789, 8 janvier 1790, instruction des 12-20 août 1790, Code rural des 28 septembre, 6 octobre 1791, loi du 16 septembre 1807, décret de décentralisation du 13 avril 1861, enfin, par la loi du 8 avril 1898, qui confirme expressément le droit de police de l'Administration sur les cours d'eau non navigables ni flottables (art. 8 et 16 (1).

Le droit de police de l'Administration se manifeste, en outre, *par des mesures individuelles*, émanant, tantôt de l'Administration centrale, tantôt des préfets (ces actes sont, pour la plupart, relatifs à des *concessions de prises d'eau*, soit pour l'établissement d'usines, soit pour l'irrigation, et ont un caractère discrétionnaire), et par des mesures *générales et collectives*. Par cette seconde sorte d'actes, l'Administration fixe le régime des cours d'eau ; ils sont désignés, sous le nom de *règlements d'eau* et pris par décret rendu en Conseil d'Etat. Il est à remarquer, sur ce point, que la règlementation d'un cours d'eau ne doit être poursuivie que si l'utilité générale le commande. Elle peut être motivée par des modifications survenues dans le régime des eaux, ou par la nécessité de mettre fin à des abus nuisibles à l'intérêt public. Mais les droits acquis et les usages antérieurement établis doivent être respectés. En outre, en tant que règlements de police, les règlements d'eau sont sanctionnés par le Code Pénal (art. 47, § 15). Enfin, ils contiennent généralement deux sortes de dispositions : les unes ayant pour but de satisfaire aux exigences de l'intérêt public, les autres relatives aux rapports des concessionnaires des prises d'eau entre eux.

Ce droit de règlementation est également purement discrétionnaire et le recours pour excès de pouvoir seul admis.

b) *Dispositions spéciales aux cours d'eau non navigables ni flottables.*

La condition des cours d'eau non navigables ni flottables était fort con-

1. « L'autorité administrative est chargée de la conservation et de la police des cours d'eau non navigables et non flottables », art. 8. « Les maires peuvent, sous l'autorité des préfets, prendre toutes les mesures nécessaires pour la police « des cours d'eau », art. 16.

traversée avant la loi du 8 avril 1898. L'art. 3 de la loi a fait disparaître toute difficulté. « Le lit des cours d'eau non navigables et non flottables, dit-il, « appartient au propriétaire des deux rives ; si les deux rives appartiennent à « des propriétaires différents, chacun d'eux a la propriété de la moitié du lit, « suivant une ligne que l'on suppose tracée au milieu du cours d'eau, sauf « titre ou prescription contraire ».

Les riverains d'un cours d'eau formant une dépendance du domaine public, c'est-à-dire d'un fleuve ou d'une rivière navigable ou flottables par trains et radeaux, n'ont aucun droit sur les eaux qui y circulent. Ils peuvent, cependant, obtenir de l'Administration l'autorisation de se servir de ces eaux, soit pour l'irrigation de leurs propriétés, soit pour un usage industriel. Mais ces concessions ne confèrent aux riverains que des droits précaires et l'Administration peut toujours retirer sans indemnité l'autorisation qu'elle a accordée, si elle estime que l'intérêt public l'exige.

Il en est autrement des eaux courantes, qui, nous le répétons, ne forment pas une dépendance du domaine public. *Les riverains ont sur ces eaux un droit d'usage plus ou moins étendu.*

L'art. 644 du Code Civil dispose à ce sujet : « Celui dont la propriété borde « une eau courante, autre que celle qui est déclarée dépendance du domaine « public par l'art. 538 au titre de la destruction des biens, peut s'en servir à « son passage pour l'irrigation de ses propriétés. Celui dont cette eau tra- « verse l'héritage peut même en user dans l'intervalle qu'elle y parcourt, « mais à la charge de la rendre à la sortie de ses fonds, à son cours ordinaire ».

Ce texte parle d'*eaux courantes*. Il est donc inapplicable aux *eaux mortes* (eaux des lacs, étangs, marais, citernes et autres réservoirs) et aux eaux pluviales ou qui circulent dans les canaux creusés par la main d'œuvre humaine ; *il vise donc exclusivement les cours d'eau naturels qui ne dépendent pas du domaine public.*

Cela posé, remarquons que l'article accorde aux riverains des droits plus ou moins étendus, suivant que l'eau courante *borde leur propriété, ou la traverse;* il est évident que, dans le premier cas, elle sépare deux propriétés, tandis que, dans le second, elle est toute contenue dans une propriété unique.

1re hypothèse : l'héritage borde l'eau courante. — Celui dont la propriété borde une eau courante a, naturellement, en face de lui un autre riverain qui, lui aussi, a des droits à l'eau. En pareil cas, et sauf entente, aucun des deux riverains ne pourra détourner tout ou partie du cours de l'eau. Chacun d'eux aura simplement le droit de se servir de l'eau à son passage.

2e hypothèse : l'héritage est traversé par l'eau courante. — Le propriétaire peut alors se servir de l'eau sur son parcours, non seulement pour l'irrigation, mais aussi pour tout autre usage, par exemple pour les usages domestiques (lavage, abreuvage des bestiaux, etc.), ou pour un usage industriel, mais à la condition de ne pas corrompre l'eau. Il peut même détourner le cours du ruisseau, mais à la charge de le rendre à la sortie de ses fonds à son cours ordinaire.

Dispositions communes à tous les riverains. — Tout propriétaire riverain d'un cours d'eau, ne dépendant pas du domaine public, peut pratiquer des *saignées* ou *rigoles* pour amener sur ses terres l'eau destinée à l'irrigation.

Le droit d'irrigation de chaque riverain n'est pas limité en profondeur. Un propriétaire riverain peut donc se servir de l'eau pour l'irrigation de terres situées à une grande distance du cours d'eau, si sa propriété s'étend jusque-là sans solution de continuité, et même pour l'irrigation de propriétés séparées du cours d'eau par des fonds intermédiaires.

L'art. 3 par. 3 de la loi de 1898 dispose que « chaque riverain a le droit de « prendre, dans la partie du lit qui lui appartient, tous les produits naturels, « et d'en extraire de la vase, du sable et des pierres, à la condition de ne pas « modifier le régime des eaux et d'en exécuter le curage conformément aux « règles établies par le chapitre III du titre Ier ».

L'art. 11 de la même loi dispose : « Aucun barrage, aucun ouvrage des- « tiné à l'établissement d'une prise d'eau d'un moulin ou d'une usine ne peut « être entrepris dans un cours d'eau non navigable et non flottable sans l'au- « torisation de l'Administration ».

Enfin, art. 2 : « Les riverains n'ont le droit d'user de l'eau courante, qui « borde ou qui traverse leurs héritages, que dans les limites déterminées par « la loi. Ils sont tenus de se conformer, dans l'exercice de ce droit, aux dis- « positions des règlements et des autorisations émanées de l'Administration ».

L'alluvion, les relais, les ilôts qui se forment appartiennent aux riverains, du moment que la propriété du lit leur est reconnue.

Ce ne sont pas des acquisitions qu'ils font ainsi ; ils reprennent simplement l'exercice de leur droit de propriété que gênait la servitude de passage des eaux.

Quand aux charges, il ne peut être question de halage ni de marchepied. Mais une obligation s'impose aux riverains des cours d'eau non navigables : c'est l'obligation de faire curer la rivière ou le ruisseau. La loi de 1898 réserve ici l'application des anciens règlements, quant au mode d'exécution de cette obligation, et, à défaut d'anciens règlements, elle décide qu'il sera procédé à la constitution volontaire ou forcée d'associations syndicales de curage entre les propriétaires.

c) *Règlement des contestations.* — Aux termes de l'article 645 du Code Civil : « S'il s'élève une contestation entre les propriétaires auxquels ces « eaux peuvent être utiles, les tribunaux, en prononçant, doivent concilier « l'intérêt de l'agriculture avec le respect dû à la propriété ; et, dans tous les « cas, les règlements particuliers et locaux sur le cours et l'usage des eaux « doivent être observés ».

Les contestations sont fréquentes entre riverains, et cela n'est pas étonnant : les riverains ayant tous un droit à l'eau courante, ont une tendance à se la disputer, parce que souvent elle n'est pas assez abondante pour satisfaire aux besoins de tous.

Le tribunal civil réglera les différends. Sa compétence était tout naturellement indiquée, puisqu'il s'agit ici de trancher une question de propriété, ou, tout au moins, de régler un droit d'usage entre les riverains en cas de contestation.

Le pouvoir discrétionnaire du juge reçoit trois limitations.

1° Le juge doit respecter les *règlements particuliers*, émanant des riverains eux-mêmes et par lesquels ils ont déterminé d'un commun accord leurs droits respectifs : la convention fait la loi des parties ;

2° Le tribunal doit respecter également les règlements locaux, c'est-à-dire ceux qui émanent de l'Administration.

Au contraire, l'Administration, quand elle fait des règlements d'eau, n'est obligée de respecter ni les règlements qui émanent des riverains, ni ceux qui émanent du juge ; car les uns et les autres sont faits dans un intérêt particulier, et l'intérêt général domine l'intérêt particulier.

3° Enfin, le juge est tenu de respecter aussi les droits acquis par titre, par prescription ou par la destination du père de famille.

d) *Rivières flottables à bûches perdues.* — Signalons pour mémoire une règle particulière à la catégorie de petites rivières qui tiennent le milieu entre les cours d'eau navigables et ceux qui n'ont pas ce caractère.

Les rivières *flottables à bûches perdues* sont assimilées aux autres cours d'eau non navigables, tant qu'un décret, rendu après enquête et avec l'avis des conseils généraux des départements traversés, n'a pas établi leur condition. Ce décret détermine les servitudes nécessaires (que nous verrons plus loin) et règle les obligations respectives des riverains, des usiniers et des flotteurs, une indemnité fixée par le juge de paix sera due à raison de l'établissement des servitudes nécessaires.

Le flottage à bûches perdues diminue chaque jour. Tant qu'il était le seul moyen pratique de conduire les bois aux points des rivières où il était possible de former des trains de bois ou radeaux, il était, pour l'approvisionnement de la ville de Paris, notamment, d'une importance de premier ordre. Du jour où les chemins de fer ont pu rendre à bas prix les mêmes services, le flottage à bûches perdues a presque perdu sa raison d'être.

La loi du 8 avril 1898 consacre à ces cours d'eau son titre III (art. 30 à 33).

§ 2. — Prises d'eau ; barrages et usines sur les cours d'eau, réglementation.

Depuis la plus haute antiquité, l'industrie humaine s'est ingéniée à utiliser l'énergie des eaux.

Actuellement, de très nombreuses usines et installations diverses sont mises en jeu, par l'exploitation de cette énergie.

a) *Règle générale : intervention de l'Administration.* — Des concessions et autorisations sont nécessaires, pour l'usage des eaux dans l'intérêt de l'industrie, afin de faire mouvoir, notamment, des moulins, usines, établissements hydrauliques quelconques.

C'est une des applications les plus pratiques et les plus fréquentes de droit de police de l'Etat sur tous les cours d'eau ; et la loi du 8 avril 1898 sur le régime des eaux fait ressortir nettement la règle commune de l'autorisation administrative nécessaire pour tout barrage ou prise d'eau.

Le chap. II du titre IV de cette loi (des fleuves et rivières navigables ou flottables), est intitulé « des concessions et autorisations (art. 40 à 45) ». En ce qui touche les cours d'eau non navigables ni flottables, formant l'objet du titre II de la même loi, c'est aussi le chapitre II de ce titre qui traite le même sujet, sous la rubrique « police et conservation des eaux (art. 8 à 17) ».

Les lois antérieures sur la matière (en particulier, celle du 16 septembre 1807), plaçaient dans les attributions de l'autorité administrative la police et la conservation des eaux non navigables ni flottables ; les articles 8 à 11 de la loi de 1898 maintiennent ces dispositions.

L'art. 11 ne fait que déduire la conséquence de ce principe, en interdisant, dans ces cours d'eau, l'établissement de tout barrage et de tout ouvrage de prise d'eau, de moulin ou d'usine, sans l'autorisation de l'Administration.

L'art. 15 du projet de loi, devenu cet art. 11, n'exigeait l'autorisation que lorsque les ouvrages étaient de nature à modifier le régime des eaux. Le texte adopté a supprimé cette restriction, *et exige, dans tous les cas, l'autorisation administrative, comme pour les cours d'eau de domaine public.*

Ces derniers sont expressément visés dans l'article 40, aux termes duquel : « Aucun travail ne peut être exécuté et aucune prise d'eau ne peut être pratiquée dans les fleuves et rivières navigables ou flottables sans l'autorisation de l'Administration ».

En résumé, dans un cas comme dans l'autre, une même règle s'applique, basée sur le droit de police de l'Etat sur toutes les eaux du territoire, et, de plus, en ce qui concerne les voies d'eau navigables et flottables, sur leur domanialité publique. Elle suffit, à elle seule, pour justifier l'intervention administrative et la nécessité de l'autorisation.

Rapprochons ces dispositions essentielles de la loi.

« L'autorité administrative est chargée de la conservation et de la police « des cours d'eau non navigables et non flottables (art. 8).

« Des décrets rendus dans la forme des règlements d'administration « publique après enquête fixent, s'il y a lieu, le régime général de ces cours « d'eau, de manière à concilier les intérêts de l'agriculture et de l'industrie « avec le respect dû à la propriété et aux droits et usages antérieurement « établis (art. 9).

« Le propriétaire riverain d'un cours d'eau non navigable et non flotta- « ble ne peut exécuter des travaux au-dessus de ce cours d'eau ou le joignant, « qu'à la condition de ne pas préjudicier à l'écoulement et de causer aucun « dommage aux propriétés voisines (art. 10).

« Aucun barrage, aucun ouvrage destiné à l'établissement d'une prise « d'eau d'un moulin ou d'une usine, ne peut être entrepris sur un cours d'eau « non navigable et non flottable sans l'autorisation de l'Administration « (art. 11).

« Aucun travail ne peut être exécuté et aucune prise d'eau ne peut être « pratiquée dans les fleuves et rivières navigables ou flottables sans l'autori- « sation de l'Administration (art. 40) ».

b) *Régime légal applicable, suivant qu'il s'agit de fleuves et rivières navigables et flottables, ou, au contraire, d'eaux courantes.* — Mais la règle que nous venons d'étudier s'applique différemment, suivant qu'il s'agit de cours d'eau du domaine public ou, au contraire, de cours d'eau non navigables ni flottables.

Dans le premier cas, les décrets ou arrêtés portant concession ou autorisation de prise d'eau n'interviennent qu'à la charge, par le concessionnaire, de payer à l'Etat une redevance proportionnelle à la valeur de la force motrice. « Les concessionnaires », dit l'art. 44, « sont assujettis à payer une « redevance à l'Etat, d'après les bases qui seront fixées par un règlement « d'administration publique ».

Au contraire, les concessions ou autorisations doivent être gratuites, s'il s'agit d'eaux non navigables ni flottables. Les riverains étant propriétaires du lit (art. 3), il ne saurait évidemment en être autrement.

Une autre différence très importante en matière de concessions et autorisations contre les deux sortes de cours d'eau est à la fois relative à *l'autorité compétente pour donner l'autorisation et aux voies de recours ouvertes contre la décision administrative intervenue.*

Lorsqu'il s'agit d'eaux navigables et flottables, les préfets sont compétents dans deux cas seulement :

1°) Pour accorder les autorisations de prises d'eaux au moyen de machines, lorsqu'il est constaté que, en égard au débit de l'eau, elles n'auront pas pour effet d'en altérer le régime (art. 41).

2°) Pour accorder les autorisations d'établissements temporaires, ne devant jamais dépasser deux années, alors même que ces établissements auraient pour effet de modifier le régime ou le niveau de l'eau (art. 42).

Dans les deux cas, le préfet statue sur l'avis des ingénieurs et sauf recours au ministre des Travaux publics, mais, en outre, dans le premier seulement, il ne peut statuer qu'après enquête.

Toutes autres autorisations ne peuvent être accordées que par décrets rendus, après enquête, sur l'avis du Conseil d'Etat (art. 43).

En ce qui touche les cours d'eau non navigables et non flottables, au contraire, le préfet est toujours compétent, sous conditions :

« Les préfets statuent après enquête sur les demandes ayant pour objet : « 1° l'établissement d'ouvrages intéressant le régime ou le mode d'écoulement « des eaux ; 2° la régularisation de l'existence des usines et ouvrages établis « sans permission et n'ayant pas de titre légal ; 3° la révocation ou la modi- « cation des permissions précédemment accordées. La forme de l'instruction « qui doit précéder les arrêtés des préfets est déterminé par un règlement « d'Administration publique », art. 12.

D'autre part, tandis que le recours au ministre est seul ouvert contre la décision du préfet s'il s'agit de fleuves et rivières navigables ou flottables (art. 41 et 42), l'art. 13, en ce qui concerne les arrêtés préfectoraux relatifs aux usines et ouvrages sur les cours d'eau non navigables ni flottables, ouvre aux parties intéressées un recours au Conseil d'Etat, à titre de garantie plus grande, en raison des droits reconnus aux riverains de ces cours d'eau. « S'il y a réclamation des parties intéressés », dit l'art. 13, « il est statué par un « décret rendu sur l'avis du Conseil d'Etat (1), sans préjudice du recours « contentieux pour excès de pouvoir ».

Enfin, le régime légal des concessions et autorisations de prises d'eau applicable à l'une ou l'autre catégorie varie encore, si l'on envisage la question relativement en retrait des autorisations ou à leur modification, et aux indemnités qui pourraient en être la conséquence.

Sur les cours d'eau navigables et flottables, les autorisations ou concessions peuvent toujours être supprimées ou modifiées, par mesure d'ordre public, sans que le concessionnaire puisse réclamer d'indemnité. Ce défaut de droit à indemnité est fondé sur l'inaliénabilité et l'imprescriptibilité du domaine public, sur les dépendances duquel un établissement quelconque ne peut exister qu'à titre de tolérance. Toutefois, la loi de 1898 (art. 45, § 2), exige, pour toute suppression ou modification, les mêmes formes et garanties que pour l'autorisation.

En ce qui concerne les cours d'eau non navigables ni flottables, l'Adminis-

1. Recours par voie gracieuse.

tration peut bien également révoquer ou modifier les autorisations de prises d'eau qu'elle a donnée; mais ce n'est plus en vertu de l'indisponibilité du domaine public, puisque ces cours d'eau n'en font pas partie; c'est seulement en vertu de son droit de police sur le régime des eaux. Il en résulte que l'Etat peut être condamné à indemniser le propriétaire ou l'industriel à qui l'autorisation est retirée. Dans trois cas cependant, énumérés par l'art. 14, le droit à indemité n'existe pas, en raison du caractère impérieux des exigences du régime des eaux :

1) L'intérêt de la salubrité publique ;

2) La nécessité de prévenir ou faire cesser les inondations ;

3) La réglementation générale du cours d'eau, par décret rendu en Conseil d'Etat (art. 9).

Il résulte, d'ailleurs, du même art. 14, que le droit à indemnité ne peut exister qu'au profit d'une usine ou d'un ouvrage *ayant une existence légale*.

Il doit être bien entendu que toutes les autorisations sont données par l'autorité administrative, *sous la réserve des droits des tiers* (art. 17).

L'Administration permet les travaux, en ce qui la concerne, au point de vue des intérêts dont elle a la garde. Mais les droits des tiers sont entièrement réservés, sauf au permissionnaire à les contester, le cas échéant, à ses risques et périls. C'est le caractère essentiel de toutes les autorisations administratives en cette matière comme en toute autre.

§ 3. — Etablissement des règlements d'usines ; diverses sortes d'usines insalubres ou incommodes.

I. *Etablissement des règlements d'usines.* — Toute demande relative, soit à la construction de moulins ou usines à créer sur un cours d'eau, soit à la régularisation d'établissements anciens, soit à la modification des ouvrages régulateurs d'établissements déjà autorisés, doit être adressée au préfet en double expédition, dont une sur papier timbré.

S'il s'agit de l'établissement d'une usine, la demande doit énoncer :

1° Les noms du cours d'eau et de la commune sur lesquels l'usine doit être établie, les noms des établissements hydrauliques placés immédiatement en amont et en aval ;

2° L'usage auquel l'usine est destinée ;

3° Les changements présumés que l'exécution des travaux doit apporter au niveau des eaux, soit en amont, soit en aval ;

4° La durée probable de l'exécution des travaux.

S'il s'agit de modifier ou de régulariser le système hydraulique d'une usine existante ou d'un ancien barrage, le propriétaire fournit autant que possible, outre ces renseignements, une copie des titres en vertu desquels ces établissements existent et indique les noms des anciens propriétaires.

Interviennent ensuite les formalités suivantes :

1° Une enquête préalable ;

2° Transmission, par le préfet, des pièces à l'ingénieur en chef intéressé ;

3° Instruction par l'ingénieur ordinaire, visite des lieux, établissement d'un procès-verbal.

4° Etablissement des plans et nivellements ;

5° Rapport par l'ingénieur ou le conducteur délégué ;

6° Discussion des oppositions formées devant l'Administration ;

7° Projet de règlement par l'ingénieur en chef ;

8° Deuxième enquête ;

9° Avis du préfet, qui rejette ou admet la demande ;

10° Enfin, vérification des travaux (récolement) lorsque l'acte d'autorisation a été rendu.

Niveau de la retenue. — On entend par niveau légal d'une retenue, la hauteur à laquelle l'usinier doit, par une manœuvre convenable des vannes de décharge, maintenir les eaux en temps ordinaire, et les ramener, autant que possible, en temps de crues.

La fixation de ce niveau doit être faite de manière à ne porter aucune atteinte aux droits de l'usine supérieure et à ne causer aucun dommage aux propriétés riveraines.

Il sera posé près de l'usine, en un point apparent et de facile accès, un repère définitif et invariable, dont le zéro indiquera seul le niveau légal de la retenue.

Ouvrages régulateurs. — En principe, toute retenue doit être accompagnée :

1° *D'un déversoir de superficie*, dont l'objet est d'assurer immédiatement un moyen d'écoulement aux eaux, lorsque des variations dans le régime de la rivière font accidentellement dépasser le niveau légal ;

2° *De vannes de décharge*, destinées à livrer passage aux eaux des crues.

Les canaux de décharge doivent être disposés de manière à embrasser, à leur origine, les ouvrages auxquels ils font suite et à écouler facilement toutes les eaux que ces ouvrages peuvent débiter.

Vannes motrices. — Leurs dimensions sont laissées à l'entière disposition du permissionnaire.

Par ailleurs, et en aucun cas, les ingénieurs n'ont à régler la chute d'eau de l'usine, ni les dispositions des engins hydrauliques.

Clauses spéciales aux cours d'eau navigables. — Comme il s'agit ici d'une concession temporaire et révocable, soumise à une redevance conformément à la loi de finances du 16 juillet 1840, on détermine le volume d'eau concédé en fixant les dimensions des prises d'eau ; en outre, les ingénieurs fixent les conditions à remplir dans l'intérêt de la navigation ou du flottage.

Ouvrages accessoires. — Des obligations spéciales peuvent être imposées, à raison de l'état des lieux (par exemple, rétablissements de gués, construction de ponts, ponceaux ou aqueducs, ou autres ouvrages présentant un caractère d'utilité générale).

Scieries. — Ne pouvant être établies dans l'enceinte et à moins de 2 kil. des bois et forêts qu'avec l'autorisation du Gouvernement (Code for. art. 155), les préfets ont à prendre, pour leur création, l'avis du conservateur des eaux et forêts.

Usines situées dans la zone frontière. — Le directeur des douanes doit être consulté pour leur établissement.

Usines situées dans la zone des servitudes militaires. — Leur création est subordonnée aux exigences de l'autorité militaire.

Déchéance et mise en chômage. — La déchéance du permissionnaire peut être prononcée, s'il n'a pas exécuté dans le délai fixé les travaux nécessaires pour faire disparaître les dangers existant du fait de son usine ; et, aussi, au cas où il néglige trop longtemps d'entreprendre ou d'achever les travaux.

La mise en chômage a lieu, lorsqu'il résulte des constatations faites au moment du récolement, que les travaux exécutés diffèrent notablement des dispositions prescrites, et si la révision du règlement de l'usine n'est pas demandée ou ne peut être obtenue. Si, malgré le grave avertissement que constitue la mise en chômage, le permissionnaire ne se décidait pas à observer les prescriptions de l'arrêté d'autorisation, l'Administration pourrait prononcer la déchéance.

II. *Usines insalubres ou incommodes.* — Les établissements réglementés à ce titre sont ceux situés ou non sur des cours d'eau, qui présentent des risques particuliers d'incendie ou d'explosion, ceux qui répandent des émanations toxiques ou simplement gênantes, ceux mêmes dont le bruit ou les conditions d'exploitation peuvent incommoder le voisinage.

Ces usines sont réparties en trois classes et soumises à l'autorisation administrative.

La première comprend les industries qui doivent être isolées (fabriques d'explosifs, abattoirs, etc.). Depuis le décret du 25 mars 1852, leur ouverture est autorisée par les préfets. Les formalités exigées sont les suivantes : l'affichage pendant un mois, à cinq kilomètres à la ronde — une enquête de commodo et incommodo — l'avis du Conseil de préfecture, s'il y a des contestations, un arrêté, refusant ou accordant l'autorisation.

La deuxième classe comprend les usines dont l'isolement n'est pas obligatoire, mais peut, néanmoins, être exigé (forges, hauts-fourneaux, fabriques de produits chimiques, etc.). Toutes conditions d'hygiène et de sécurité peuvent être imposées. Le préfet est également compétent pour autoriser, mais les formalités sont plus simples. L'enquête se fait seulement dans la commune, par les soins du maire, sans affichage ni avis du Conseil de préfecture. La demande doit être adressée au sous-préfet ; le maire envoie son rapport ; le sous-préfet donne son avis ; le préfet statue.

La troisième classe englobe les industries dont l'isolement ne peut être exigé, mais dont l'installation doit être surveillée (distilleries, fabriques de bougie, etc.). Des conditions touchant l'installation intérieure sont imposées par l'Administration. C'est le sous-préfet qui donne l'autorisation et une seule formalité est exigée : l'avis du maire, sans enquête.

Recours des industriels contre le refus d'autorisation, ou contre les conditions imposées. — S'il s'agit d'un établissement de troisième classe, les industriels peuvent se pourvoir du refus d'autorisation devant le Conseil de préfecture, avec appel au Conseil d'Etat (décret du 15 octobre 1818, art. 8).

S'il s'agit d'un établissement de première ou de deuxième classe, l'industriel se pourvoit du refus devant le Conseil d'Etat.

§ 4. — Régime légal des cours d'eau du domaine public, comparé au régime local des eaux courantes.

Pour bien fixer les idées, nous allons rapprocher les nombreuses différences légales qui existent entre les cours d'eau navigables et flottables, et ceux qui ne le sont pas. Ces différences sont surtout fondées sur ce fait que les premiers dépendent du domaine public, tandis que les seconds n'en font pas partie.

I. Les cours d'eau navigables et flottables sont soumis au régime de la grande voirie et, à ce titre, à la juridiction des conseils de préfecture.

Nous avons vu que les contestations touchant les eaux courantes sont jugées par l'autorité judiciaire ; et que les poursuites, en cas de contravention, ne sont pas possibles, que s'il existe un règlement ou un arrêté spécial stipulant des obligations d'ordre public, qui permettent l'application de l'article 471, § 15, du Code pénal.

Il en est ainsi, même pour les cours d'eau qui sont seulement flottables à bûches perdues.

II. Le droit de pêche dans les fleuves et rivières navigables et flottables appartient à l'Etat (loi du 15 avril 1829).

Dans les cours d'eau ni navigables ni flottables, il appartient aux riverains (Lois du 15 avril 1829 et du 31 mai 1865).

Il est même à remarquer qu'un cours d'eau peut être devenu navigable et faire partie du domaine public, sans que pour cela les riverains soient dépossédés de leur droit de pêche. En effet, cette dépossession n'est pas possible, tant que n'est pas intervenu le décret classant le cours d'eau au nombre de ceux où le droit de pêche est exercé au profit de l'Etat (C. Cass. 28 juin 1891).

Une seconde condition de l'attribution du droit de pêche à l'Etat sur les cours d'eau navigables et flottables est le paiement préalable d'une indemnité aux riverains privés du droit de pêche par le décret de classement. Cette règle est conforme au droit commun de l'expropriation pour cause d'utilité publique, l'indemnité sera réglée dans les formes prescrites par la loi du 3 mai 1841.

Les deux sortes de cours d'eau sont, toutefois, soumis à une même administration, celle des eaux et forêts.

III. Les îles, îlots, atterrissements qui se forment dans le lit des cours d'eau du domaine public appartiennent à l'Etat (art. 560 C. Civil), et font partie de son domaine privé.

Ceux qui se forment dans le lit des cours d'eau non navigables ni flottables appartiennent aux riverains (art. 561 C. Civil).

La loi du 8 avril 1898 a expressément maintenu ces dispositions.

IV. Les servitudes (notamment de halage et marchepied), résultant du voisinage des cours d'eau navigables et flottables, n'existent pas en ce qui touche les eaux courantes. Dans ce cas, en effet, ces servitudes ne seraient pas justifiées.

Mais les articles 49 et 50 de la loi de 1898 ont réglementé le droit à l'indemnité à fixer par le juge de paix, consacré par le décret du 22 janvier 1808, au profit des riverains d'un cours d'eau, déclaré navigable par décret et dont les terrains, non grevés antérieurement des servitudes de halage et marchepied, y sont désormais soumis. Il en est de même du déplacement du halage d'une rive à l'autre.

L'art. 51 de la même loi prévoit le cas où l'Administration, jugeant cette servitude insuffisante, veut substituer au chemin de halage, compatible comme l'on sait, avec le maintien du droit de propriété du riverain, un véritable chemin établi dans des conditions constantes de viabilité, le long du cours d'eau.

Cet article décide très justement que, dans ce cas, à défaut de cession amiable du terrain, il y a lieu de procéder par voie d'expropriation pour cause d'utilité publique.

Des servitudes spéciales existent en ce qui concerne les rivières et cours d'eau flottables à bûches perdues (servitude de passage pour la conduite des bois ; de dépôt des bois sur les terrains riverains du cours d'eau ; droit d'exproprier de la part des compagnies de flottage ou de l'Administration pour établir des étangs ou réservoirs et canaux de flottage, ou pour élargir ceux déjà existants ; obligation pour les propriétaires d'usines ou meuniers d'ouvrir leurs vannes pertuis et écluses, dans le but de laisser passer les flots de bois et pour augmenter la force du flot, etc.). Ces servitudes sont prévues par la loi de 1898, art. 32.

V. Comme l'endiguement, le *curage* a pour but de prévenir l'invasion des eaux. Aussi ces deux natures de travaux sont-elles considérées, non comme facultatives, mais comme obligatoires pour les intéressés, quand l'Administration en reconnaît la nécessité. Ce que la loi de 1807 a fait pour l'endiguement, la loi du 8 avril 1898 l'a fait pour le curage, avec cette différence que, pour le curage, il faut distinguer entre les cours d'eau du domaine public et ceux qui n'en font pas partie.

Suivant l'article 53 de la loi de 1898, le curage des fleuves et rivières navigables et l'entretien des ouvrages qui y sont établis, non seulement pour faciliter l'écoulement des eaux, mais aussi dans l'intérêt de la navigation, sont, par suite de la domaniabilité de ces cours d'eau, à la charge de l'Etat. Les communes, les usiniers, les concessionnaires de prises d'eau, et même les propriétaires voisins ne peuvent être appelés à y participer qu'en vertu d'un décret en Conseil d'Etat, et, pour ces derniers seulement, si leurs établissements ont fait des eaux un usage exceptionnel et spécial rendant les frais de curage plus considérables.

Le curage et l'entretien des cours d'eau non navigables ni flottables, sont, au contraire, l'obligation exclusive des propriétaires riverains et de tous les intéressés à l'exécution de ces travaux.

Mais, s'il appartient aux intéressés de supporter la charge du curage, en ce qui concerne les cours d'eau non navigables ni flottables, c'est à l'Administration de prescrire la mesure. Les maires n'ont jamais ce pouvoir (Conseil d'Etat, 24 avril 1863, Chauveau).

« Il est pourvu au curage de ces cours d'eau non navigables et non flotta-
« bles et à l'entretien des ouvrages qui s'y rattachent, de la manière prescrite
« par les anciens réglements ou d'après les usages locaux. Les préfets sont
« chargés, sous l'autorité du ministre des travaux publics, de prendre les
« dispositions nécessaires pour l'exécution de ces réglements ou usages ».

(L. 1898, art. 19). — « A défaut d'anciens réglements ou usages locaux,
« ou si l'application des réglements et l'exécution du mode de curage consa-
« cré par l'usage présentent des difficultés, ou bien encore si les change-
« ments survenus exigent des dispositions nouvelles, il est procédé en con-
« formité de la loi du 21 juin 1865 (art. 20), sur les associations syndicales.
« Dans le cas où les tentatives faites en vue d'arriver à la constitution d'une
« association syndicale libre ou autorisée n'aboutiraient pas, il est statué par
« décret délibéré en Conseil d'Etat ; chaque décret est précédé d'une enquête

« et d'une instruction dont les formes sont déterminées par un réglement « d'administration publique » (Loi de 1898, art. 21).

Le décret règle le mode d'exécution des travaux, détermine la zone dans laquelle les propriétaires intéressés, riverains ou non riverains et usiniers, peuvent être appelés à y contribuer, et arrête, s'il y a lieu, les bases générales de la répartition de la dépense d'après le degré d'intérêt de chacun à l'exécution des travaux (L. 1898, art. 22).

Dans tous les cas, les rôles de répartition des sommes nécessaires au paiement des travaux de curage ou d'entretien des ouvrages sont dressés sous la surveillance du préfet et rendus exécutoires par lui. Le recouvrement est fait dans les mêmes formes et avec les mêmes garanties qu'en matière de contributions directes ; le privilège ainsi créé prend rang après celui du trésor public (L. 1898, art. 23).

Les contestations relatives à l'exécution des travaux et aux taxes de curage sont de la compétence du Conseil de préfecture et du Conseil d'Etat (L. 1898, art. 24).

Les travaux d'élargissement, de régularisation et de redressement des cours d'eau non navigables et non flottables sont qualifiés, par l'art. 25 de la loi de 1898 de « complément des travaux de curage » ; la loi les assimile donc à ces travaux et les soumet aux mêmes règles. En outre, la même loi consacre formellement l'obligation de recourir à l'expropriation pour cause d'utilité publique, lorsque l'élargissement, la régularisation où le redressement d'un cours d'eau non navigable et non flottable, entame la propriété privée (1).

VI. Sur les cours d'eau navigables ou flottables, les décrets ou arrêtés portant concession ou autorisation de prise d'eau n'interviennent qu'à la charge, par le concessionnaire, de payer à l'Etat une redevance proportionnelle à la valeur de la force motrice.

Sur les cours d'eau non navigables ni flottables, les concessions ou autorisations doivent être gratuites.

D'autre part, sur la même matière de concessions ou autorisations, il faut, pour les cours d'eau, navigables ou flottables, tantôt un arrêté préfectoral et tantôt un décret ; tandis que pour les cours d'eau non navigables ni flottables le préfet est toujours compétent.

En outre, pour les eaux de la première espèce, les autorisations ou concessions peuvent toujours, dans l'intérêt de la navigation notamment, être supprimées par l'autorité qui les a accordées, comme mesure d'ordre public, sans que le concessionnaire puisse réclamer d'indemnité.

Sur les eaux courantes, l'Administration peut aussi révoquer ou modifier les autorisations de prises d'eau qu'elle a données. Mais ce n'est plus en

1. Les associations syndicales ont été étudiées en détail dans le volume précédent (chapitre des travaux publics). On trouvera dans le présent cours, partie annexe, le texte de la loi du 21 juin 1865, modifiée par les lois des 22 décembre 1888 et 13 décembre 1902, sur la matière.

vertu du principe de l'indisponibilité du domaine public, puisque les cours d'eau dont il s'agit ne font pas partie de ce domaine : c'est seulement en vertu de son droit de police sur le régime des eaux. Il en résulte que l'Etat peut être condamné à payer, dans certains cas, une indemnité au propriétaire ou à l'industriel qui, sur la foi de l'autorisation à lui donnée, a pu engager dans l'établissement des sommes plus ou moins importantes. Le principe est qu'en dehors des trois cas énumérés par l'article 14 de la loi de 1898 ; 1) intérêt de la salubrité publique ; 2) nécessité de prévenir ou faire cesser les inondations ; 3) réglementation générale du cours d'eau par décret rendu en Conseil d'Etat, prévue par l'art. 9) ; toute révocation ou modification donne lieu à indemnité.

§ 5. — La Houille blanche

L'industrie moderne commence à tirer parti des ressources d'énergie considérables de la « houille blanche », nom donné au début aux glaces des Alpes, dont la fonte produit d'innombrables torrents, et, par la suite, à toutes les eaux courantes.

La houille blanche est appelée à jouer un rôle immense dans le développement économique des nations, en donnant la possibilité de multiplier, presque à l'infini, les installations hydro-électriques.

A cet égard, notre pays est particulièrement bien placé, en raison de l'importance du ruissellement des grands et des petits cours d'eau, qui naissent généralement à une altitude élevée, dans les Alpes, les Pyrénées, le Plateau Central, les Cévennes, le Jura et les Vosges.

D'après les calculs de nos ingénieurs, la France, en exploitant ces eaux, aurait à sa disposition une source d'énergie, dont la puissance moyenne peut être évaluée à 9 ou 10 millions de chevaux, c'est-à-dire de quoi lui permettre de se passer entièrement de charbon pour tous les usages industriels.

Actuellement, les exploitations de la houille blanche représentent à peine un million et demi de chevaux. Il reste donc beaucoup à faire à cet égard.

Malheureusement, l'utilisation de nos forces hydrauliques naturelles est entravée par la plupart des dispositions de notre législation sur le régime des eaux, incompatibles avec les conditions d'une bonne exploitation industrielle de la force.

Aussi, il semble probable que l'Etat va intervenir.

Nous avons vu que les règlements en vigueur sont très différents, suivant qu'il s'agit de cours d'eau navigables ou flottables, appartenant au domaine public, où, au contraire, de cours d'eau non navigables ni flottables, sur lesquels les riverains ont, avec la propriété du lit, le droit d'utiliser l'eau, à la condition de respecter les mêmes droits chez leurs voisins : d'où un grand nombre d'entraves pour l'industriel qui, d'une part, est soumis au régime précaire et gênant des concessions, et qui, d'autre part, doit éviter de porter atteinte aux droits des tiers intéressés.

Cette intervention de l'Etat, si souhaitable, se manifestera vraisemblablement par la création d'un sous-secrétariat spécial, qui aura la charge de poursuivre l'unification des divers régimes en vigueur et de créer entre les industriels et l'Administration, pour le plus grand profit commun, une entente devenue nécessaire.

Une loi, du 16 octobre 1919, sur l'utilisation de l'énergie hydraulique, modifie, sur certains points, les dispositions qui ont fait l'objet du présent chapitre (voir les *remarques importantes* à la fin de la première partie).

CHAPITRE IV

Servitudes résultant de la situation et de la direction des eaux

REMARQUES GÉNÉRALES

Ces servitudes sont dites *naturelles*, parce qu'elles sont l'œuvre de la nature, bien plus que de la loi, qui se borne, en quelque sorte, à les constater et à ordonner aux particuliers de les respecter.

Nous allons examiner, dans ce chapitre : 1° les règles applicables aux eaux qui découlent naturellement des fonds supérieurs vers les fonds inférieurs et le régime légal des eaux pluviales et des sources ; 2° les servitudes relatives à l'irrigation, et à l'écoulement des eaux nuisibles.

§ 1. — Des eaux qui découlent naturellement des fonds supérieurs vers les fonds inférieurs, eaux pluviales et eaux de sources.

Aux termes de l'art. 648 C. Civil : « les fonds inférieurs sont assujettis « envers ceux qui sont plus élevés à recevoir les eaux qui en découlent « naturellement sans que la main de l'homme y ait contribué. Le propriétaire « inférieur ne peut point élever de digue qui empêche cet écoulement. Le « propriétaire supérieur ne peut rien faire qui aggrave la servitude du fond « inférieur ».

C'est en vertu d'une loi de la nature que les eaux découlent des fonds supérieurs vers les fonds inferieurs. Cette loi s'impose à l'homme et notre article oblige les propriétaires à la respecter.

Tous les fonds de terre sont soumis à cette servitude, même ceux qui font partie du domaine public.

Elle assujettit les fonds inférieurs à recevoir toutes les eaux qui découlent *naturellement* des fonds supérieurs, donc, non seulement les eaux de pluie, mais aussi les eaux de source et celles provenant de la fonte des neiges.

Mais les fonds inférieurs ne sont pas obligés de recevoir les eaux qui découlent du fond supérieur *par suite du fait de l'homme*, par exemple, les eaux ménagères ou celles provenant du déversoir d'une usine.

D'une façon générale, le propriétaire inférieur ne peut faire aucun travail qui contrarie l'œuvre de la nature, à moins cependant que les travaux n'allègent pour lui la servitude, *sans nuire en rien au propriétaire du fond supérieur, ni aux autres propriétaires inférieurs.*

Mais on admet que chaque riverain d'un fleuve, ou d'une rivière, ou d'un torrent, peut construire des ouvrages pour se mettre à l'abri de l'envahissement des eaux, sans que les autres riverains soient fondés à se plaindre d'être eux-mêmes plus exposés à l'action des eaux par suite de ces travaux.

L'art. 640 ajoute que le propriétaire supérieur ne peut rien faire qui aggrave la servitude du fonds inférieur. Ainsi, le propriétaire de fonds supérieur ne peut pas obliger le propriétaire du fonds inférieur à recevoir directement les eaux pluviales qui découlent de la toiture de son bâtiment. « Tout propriétaire », dit l'article 681, « doit établir des toits de manière que les eaux « pluviales s'écoulent sur son terrain ou sur la voie publique ; il ne peut les « faire verser sur le fonds de son voisin ». De même, le propriétaire d'une source n'a pas le droit d'en transmettre les eaux après les avoir corrompues, même par un usage industriel. De même, enfin, le propriétaire d'un fonds ne peut pas, en changeant la direction naturelle des eaux qui découlent de ce fonds, les faire converger toutes en un même point sur le fonds inférieur. (Cassation, 5 mars 1901).

2° *Des eaux pluviales et des sources.* — A cet égard, la loi du 8 avril 1898 a modifié les articles 641, 642 et 643 du Code Civil. Voici le texte des nouveaux articles :

« Tout propriétaire a le droit d'user et de disposer des eaux pluviales « qui tombent sur son fonds.

« Si l'usage de ces eaux ou la direction qui leur est donnée aggrave la « servitude naturelle d'écoulement établie par l'art. 640, une indemnité est « due au propriétaire du fonds inférieur.

« La même disposition est applicable aux eaux de sources nées sur un fonds.

« Lorsque, par des sondages ou des travaux souterrains, un propriétaire « fait surgir des eaux dans son fonds, les propriétaires des fonds inférieurs « doivent les recevoir, mais ils ont droit à une indemnité en cas de dommages « résultant de leur écoulement.

« Les maisons, cours, jardins, parcs et enclos attenant aux habitations ne « peuvent être assujettis à aucune aggravation de la servitude d'écoulement « dans les cas prévus dans les paragraphes précédents.

« Les contestations auxquelles peuvent donner lieu l'établissement et « l'exercice des servitudes prévues par ces paragraphes et le réglement, s'il « y a lieu, des indemnités dues aux propriétaires des fonds inférieurs, sont « portées, en premier ressort, devant le juge de paix du canton, qui, en pro- « nonçant, doit concilier les intérêts de l'agriculture et de l'industrie, avec le « respect dû à la propriété.

« S'il y a lieu à expertise, il peut n'être nommé qu'un seul expert. *Art. 641* ».

« Celui qui a une source dans son fonds peut toujours user des eaux à « sa volonté dans les limites et pour les besoins de son héritage.

« Le propriétaire d'une source ne peut plus en user au préjudice des « propriétaires des fonds inférieurs qui, depuis plus de trente ans, ont fait et « terminé, sur le fonds où jaillit la source, des ouvrages apparents et perma- « nents destinés à utiliser les eaux ou à en faciliter le passage dans leur pro- « priété.

« Il ne peut pas non plus en user de manière à enlever aux habitants « d'une commune, village ou hameau, l'eau qui leur est nécessaire; mais si « les habitants n'en ont pas acquis ou prescrit l'usage, le propriétaire peut « réclamer une indemnité, laquelle est réglée par experts. *Art. 642* ».

« Si, dès la sortie du fonds où elles surgissent, les eaux de source for- « ment un cours d'eau offrant le caractère d'eaux publiques et courantes, le « propriétaire ne peut les détourner de leur cours naturel au préjudice des « usages inférieurs. *Art. 643* ».

Ces textes traitent, en même temps, des eaux pluviales et des eaux de source ; mais il convient de les distinguer.

A. *Des eaux pluviales.* — Avant la loi de 1898, il était admis que les eaux pluviales devenaient la propriété de celui auquel appartenait le sol sur lequel elles étaient tombées. Les uns soutenaient que c'était à titre d'occupation, les eaux pluviales étant *res nullius ;* d'autres disaient que c'était à titre d'accession, en vertu de l'art. 552, al. 1, C. Civil. Sans trancher la question, la loi de 1898 se borne à consacrer implicitement *le droit de propriété du maître du sol sur les eaux pluviales qui y tombent,* en décrétant qu'il peut « user et disposer » de ces eaux, s'il ne préfère les laisser couler sur les fonds inférieurs.

Quand des eaux pluviales tombent ou coulent sur une voie publique, on leur accorde le caractère de *res nullius ;* elles appartiennent donc au premier occupant.

Pour utiliser les eaux pluviales qui tombent sur son fonds, le propriétaire sera souvent obligé de les détourner de leur cours naturel. S'il reste un excédent après cette utilisation, le propriétaire du fonds inférieur sera obligé de le recevoir, alors même que cela constituerait pour lui une aggravation de la servitude naturelle de l'art. 640. Mais le législateur donne au propriétaire inférieur le droit de réclamer une indemnité s'il éprouve un préjudice.

B. *Des sources.* — Les règles qui gouvernent les cours d'eau différant de celles qui régissent les sources, il importe de distinguer la source du cours d'eau.

Un cours d'eau est formé d'eaux pluviales et du tribut d'un très grand nombre de sources, dont les unes prennent naissance dans le lit même du cours d'eau et les autres dans des fonds plus ou moins éloignés.

A quel moment la source devient-elle cours d'eau ?

Quelquefois, elle forme un cours d'eau au point même où elle surgit (source du Loiret, fontaine de Vaucluse) ; mais, en général, elle ne devient cours d'eau qu'après un assez long trajet, après avoir reçu d'autres eaux.

Dans l'impossibilité où il s'est trouvé de donner des définitions permettant de distinguer la source du cours d'eau, le législateur a édicté la disposition de l'art. 643 C. Civil, aux termes duquel : « Si, dès la sortie des fonds « où elles surgissent, les eaux de sources forment un cours d'eau offrant le « caractère d'eaux publiques et courantes, le propriétaire ne peut les détour- « ner de leur cours naturel au préjudice des usagers inférieurs ».

Mais qui décidera, en cas de contestation, si la source a ou non le caractère d'eaux publiques et courantes ?

Dans le silence de la loi, ce ne peut être que le juge.

D'après la Cour de Cassation, on ne doit considérer comme ayant le caractère d'eaux publiques et courantes que les sources d'un débit assez puissant pour former à elles seules un cours d'eau, et non celles qui contribuent simplement à la formation d'un cours d'eau, qui constituent de simples « filets d'alimentation » (Cass. 11 février 1903).

On distingue deux espèces de sources : les sources *naturelles*, c'est-à-dire celles qui naissent naturellement, sans le secours de l'industrie de l'homme, et les sources *artificielles*, qui doivent leur origine au fait de l'homme (puits artésiens).

En ce qui touche les sources *artificielles*, notons simplement que le propriétaire du terrain où émerge la source peut disposer à son gré de celle-ci. D'autre part, les propriétaires des fonds inférieurs doivent recevoir l'eau de la source, mais ils ont droit à une indemnité en cas de dommages résultant de son écoulement (art. 641, al. 4).

Les sources naturelles vont nous retenir plus longuement.

Aux termes de l'art. 642, al. 4, celui qui a une source dans son fonds peut toujours user des eaux à sa volonté dans les limites et pour les besoins de son héritage.

Le propriétaire du terrain où jaillit la source peut donc, au lieu de laisser l'eau s'écouler suivant la pente naturelle du sol, employer cette eau à l'irrigation de son fonds.

Il peut absorber ainsi la totalité de l'eau, sans que les propriétaires inférieurs, sur les fonds desquels elle coulait auparavant, aient le droit de se plaindre.

S'il n'en utilise qu'une partie, les propriétaires inférieurs devront recevoir l'excédent, et, si la servitude naturelle prévue par l'art. 640 se trouve ainsi aggravée pour eux, ils auront droit à une indemnité (art. 641, al. 3).

Le propriétaire qui a une source dans son fonds, peut même retenir toute l'eau de la source dans un réservoir ou dans un étang. Il peut donc également, à plus forte raison, l'employer à des usages domestiques ou industriels, ou même à des usages d'agrément, par exemple en jets d'eau.

La règle que le propriétaire d'une source peut en user à sa volonté dans les limites et pour les besoins de son héritage souffre deux exceptions :

Lorsque, d'une part, *le propriétaire du fonds inférieur a acquis un droit à l'usage de l'eau ;*

Et si, d'autre part, *le cours de la source fournit à une communauté d'habitants l'eau qui leur est nécessaire.*

Première exception. — Le propriétaire d'une source ne peut pas priver le propriétaire inférieur des avantages qu'il retire de l'eau de cette source, *lorsque celui-ci a acquis un droit à son usage (par titre, par destination du père de famille, ou par prescription).* La prescription est acquise par les propriétaires des fonds inférieurs qui, *depuis plus de trente ans, ont fait et terminé, sur le fonds où jaillit la source, des ouvrages apparents et permanents destinés à utiliser les eaux ou à en faciliter le passage dans leur propriété,* art. 642, al. 2. Toutes ces conditions, indiquées par le texte avec un soin minutieux sont requises pour que le délai de trente ans commence à courir.

Deuxième exception. — Aux termes de l'art. 642, al. 3, le propriétaire de la source ne peut pas non plus en user de manière à enlever aux habitants d'une commune, village ou hameau, l'eau qui leur est nécessaire ; mais si les habitants n'en ont pas acquis ou prescrit l'usage, le propriétaire peut réclamer une indemnité, laquelle est réglée par experts.

Prenons un exemple.

L'eau d'une source, après être sortie de l'héritage où elle prend naissance, vient couler sur un terrain auquel les habitants d'un village ont un libre accès et qui viennent y puiser de l'eau pour les usages domestiques ou y abreuver leurs bestiaux. *La loi dispose que le propriétaire de la source ne pourra pas en user de manière à leur enlever l'eau qui leur est nécessaire ;* par conséquent, il ne pourra pas détourner à leur préjudice le cours de l'eau, ni absorber l'eau en usages agricoles ou industriels, ni enfin la corrompre et la rendre ainsi impropre à la consommation.

Nous retrouvons ici une application du principe, que l'intérêt individuel doit s'incliner devant l'intérêt collectif ; le législateur sacrifie le droit du propriétaire de la source à celui d'une communauté d'habitants, et il sera même privé de son droit, sans qu'il y ait lieu, en raison de l'urgence des besoins à satisfaire, de recourir contre lui à l'expropriation pour cause d'utilité publique.

Toutefois, le propriétaire de la source peut réclamer une indemnité si, bien entendu, il n'y a pas acquisition ou prescription de l'usage de l'eau, au profit de la communauté ; elle devra être calculée en prenant pour base, non l'avantage que les habitants retirent de l'eau, mais le préjudice occasionné au possesseur de la source.

Notons ici que, *pour les sources d'eaux minérales ou thermales*, la loi des 14-22 juillet 1856 établit autour de ces sources *un périmètre de protection.* Les terrains compris dans ce périmètre sont grevés d'une double servitude : les propriétaires de ces terrains ne peuvent entreprendre sans autorisation aucun sondage ou travail souterrain, et ils doivent souffrir les travaux jugés nécessaires ou simplement utiles à l'exploitation de la source.

§ 2. — Servitudes relatives à l'irrigation et à l'écoulement des eaux nuisibles

Les dispositions du Code Civil relatives à l'irrigation sont complétées par la loi du 29 avril 1845, intitulée « loi sur les irrigations », *qui crée la servitude dite d'aqueduc, celle d'écoulement des eaux d'irrigation et la servitude d'écoulement des eaux nuisibles ;* et par une deuxième loi du 11 juillet 1847, *qui établit la servitude dite d'appui.* Enfin, une troisième loi, du 10 juin 1854, comble une lacune importante du C. Civil, en donnant les moyens pratiques de réaliser l'opération connue sous le nom de *drainage.*

a) *Servitude d'aqueduc.* — Elle consiste dans le droit, pour le propriétaire d'un fonds, d'avoir un aqueduc (mot qui désigne tout travail exécuté dans le but de conduire l'eau d'un point à un autre), sur un fonds appartenant à un autre propriétaire. Ce dernier est obligé de souffrir les travaux nécessaires pour l'exécution de l'aqueduc et de le laisser fonctionner une fois qu'il est établi.

En effet, souvent un propriétaire ne peut utiliser pour l'irrigation de ses propriétés l'eau dont il a le droit de disposer qu'à la condition de faire passer cette eau par des héritages intermédiaires qui la séparent des propriétés à irriguer.

Sous l'empire du Code Civil, le droit d'aqueduc ne pouvait être obtenu qu'au moyen d'un arrangement amiable, de sorte que l'exercice du droit d'irrigation pouvait être facilement paralysé au grand préjudice de l'agriculture.

Réagissant contre cet état de choses, la loi du 29 avril 1845 permet au propriétaire intéressé d'obtenir de la justice ce qu'il ne peut obtenir par le moyen d'un arrangement amiable. Aux termes de l'art. 1 de la loi, « Tout « propriétaire qui voudra se servir, pour l'irrigation de ses propriétés, des

« eaux naturelles ou artificielles dont il a le droit de disposer, pourra obtenir « le passage de ces eaux sur les fonds intermédiaires, à la charge d'une juste « et préalable indemnité. Sont exceptés de cette servitude, les maisons, cours, « jardins, parcs et enclos attenant aux habitations ».

A défaut d'arrangement amiable, le propriétaire devra donc s'adresser à la justice. Mais le juge est investi à cet égard d'un pouvoir discrétionnaire ; il pourra donc refuser d'accorder la servitude, s'il estime que l'intérêt de l'agriculture n'exige pas ce sacrifice.

L'exercice de cette servitude constitue une sorte d'expropriation basée sur l'intérêt général. Aussi la loi impose-t-elle ici, comme en matière d'expropriation pour cause d'utilité publique, le paiement d'une juste et préalable indemnité. C'est le principe pour toutes les servitudes légales.

Aux termes de l'art. 4, les contestations auxquelles pourront donner lieu l'établissement de la servitude et son exercice, seront portées devant les tribunaux, qui, en prononçant, devront concilier l'intérêt de l'opération avec le repect dû à la propriété.

b) *Servitude d'appui.* — Parfois, il n'est possible d'utiliser l'eau courante pour l'irrigation qu'à la condition d'élever son niveau, afin qu'elle coule par la pente naturelle du terrain et en suivant la voie qu'on lui ouvre sur les héritages à irriguer.

On obtient cette élévation à l'aide d'un barrage dans le lit du cours d'eau.

Pour établir ce barrage d'une façon efficace, il est évidemment nécessaire d'intercepter le cours d'eau dans toute sa largeur et, par conséquent, d'appuyer les travaux sur les deux rives.

Celui dont la propriété est traversée par l'eau courante, et qui, par conséquent, est propriétaire des deux rives, n'éprouve pas d'embarras pour établir un tel barrage. Mais il n'en était pas de même, sous l'empire du C. Civil, du propriétaire riverain d'un seul côté ; il ne pouvait appuyer aucun ouvrage sur la rive opposée qu'avec le consentement du propriétaire de cette rive et, souvent, à défaut d'entente, il lui était impossible d'établir le barrage.

La loi du 11 juillet 1847, en créant la servitude d'appui, a remédié à cet état de choses, fâcheux pour l'agriculture.

Aux termes de l'art. 1 de cette loi : « Tout propriétaire qui voudra se « servir, pour l'irrigation de ses propriétés, des eaux naturelles ou artificielles « dont il a le droit de disposer, pourra obtenir la faculté d'appuyer sur la « propriété du riverain opposé les ouvrages d'art nécessaires à sa prise d'eau, « à la charge d'une juste et préalable indemnité. Sont exceptés de cette ser- « vitude, les bâtiments, cours et jardins attenant aux habitations ».

Il importe d'observer que ce texte n'établit la servitude d'appui, de même que l'art. 1 de la loi du 29 avril 1845 n'établit la servitude d'aqueduc, que pour les besoins de l'irrigation. Ni l'une ni l'autre servitude ne pourrait donc être accordée par le juge en vue d'un intérêt industriel, par exemple pour l'établissement d'une usine, ce qui semble regrettable.

Par ailleurs, le barrage ne peut être établi sans une autorisation administrative, qui est délivrée par le préfet, sous la réserve des droits des tiers (décret du 25 mars 1852 et loi du 8 avril 1898, art. 11).

c) *Servitudes relatives à l'écoulement des eaux nuisibles.* — Aux termes de l'art. 3 de la loi du 29 avril 1845, le propriétaire d'un terrain submergé, en tout ou en partie, peut obtenir un passage sur les fonds intermédiaires qui le séparent d'un cours d'eau ou de toute autre voie d'écoulement, pour se débarrasser des eaux qui rendent son fonds insalubre ou stérile. La loi du 10 juin 1854, sur le libre écoulement des eaux provenant du drainage, développe et complète ce principe.

Le drainage a pour but d'assécher un fonds naturellement imprégné d'une trop grande quantité d'eau.

Ce résultat est obtenu par divers moyens, et, notamment, à l'aide de tuyaux souterrains présentant de nombreuses ouvertures qui leur permettent d'absorber l'eau pour la conduire à une voie d'écoulement.

Quand cette voie d'écoulement n'est pas contiguë au fonds qu'il s'agit d'assainir, il faut nécessairement faire passer les tuyaux de conduite sur les fonds intermédiaires. La loi susvisée du 10 juin 1854 permet d'imposer cette servitude aux propriétaires de ces héritages, tandis qu'auparavant leur consentement était nécessaire.

« Tout propriétaire qui veut assainir son fonds « dit l'art. 1 de la loi », « par le drainage, ou un autre mode d'asséchement, peut, moyennant une « juste et préalable indemnité, en conduire les eaux souterrainement ou à « ciel ouvert à travers les propriétés qui séparent ce fonds d'un cours d'eau « ou de toute autre voie d'écoulement. Sont exceptés de cette servitude, les « maisons, cours, jardins, parcs et enclos attenant aux habitations ».

L'assainissement du fonds peut être poursuivi en vue d'une exploitation agricole, comme d'un usage industriel, la loi ne distinguant pas (Cass. 6 juin 1887).

Les termes de cet article étant beaucoup plus énergiques que ceux des lois de 1845 et 1847, le propriétaire intéressé peut exiger sur les fonds intermédiaires un passage pour les eaux qu'il veut écouler. Le pouvoir d'appréciation de juge est donc ici supprimé.

CHAPITRE V

Les eaux mortes

§ 1. — Régime légal des lacs, étangs, marais, etc.

En étudiant les « eaux courantes », qui ne forment pas une dépendance du domaine public, nous avons vu que, conformément aux dispositions de l'article 644 C. Civil, les riverains ont sur ces eaux un droit d'usage plus ou moins étendu.

Ce texte du Code Civil, parlant *d'eaux courantes*, est inapplicable aux *eaux mortes*, c'est-à-dire aux eaux des lacs, étangs, marais, citernes et autres réservoirs, comme il est inapplicable aussi aux eaux pluviales et à celles qui circulent dans les canaux creusés par les mains de l'homme.

Nous allons examiner, dans ce paragraphe, le régime légal des eaux mortes.

On définit un *étang* la masse d'eau formée dans une dépression de terrain, où elle est retenue, soit par la disposition naturelle des terres, soit par un barrage ou une chaussée artificielle. Il est généralement constitué lorsqu'il est artificiel, en vue de la pêche, parfois aussi dans le but de créer une force motrice.

Lorsque l'étang présente une étendue assez considérable, il prend le nom de *lac*.

Si, au contraire, il est de faible importance, on l'appelle *mare*.

Les *citernes*, qui entrent dans le droit commun de la propriété, et dont nous n'avons, par conséquent, pas à nous occuper ici, sont des réservoirs, généralement souterrains, établis en vue de recueillir les eaux pluviales.

Les étangs doivent être divisés en deux classes :

1° *Ceux qui sont alimentés uniquement par des eaux pluviales ou des eaux de sources nées sur le fonds même où se trouve l'étang.*

Dans ce cas, celui-ci est soumis aux règles, précédemment exposées, qui régissent les eaux pluviales et les eaux de sources ;

2° *Ceux qui sont traversés par un cours d'eau, dont ils ne constituent en quelque sorte qu'un épanouissement* (lac de Genève). En pareil cas, le lac ou étang n'est qu'une section du cours d'eau qui le forme, soumise habituellement au même régime que les autres sections.

Toutefois, le lac ou l'étang ainsi formé, peut être considéré comme voie navigable, alors que les autres sections ne le sont pas.

a) *Délimitation.* — Aux termes de l'article 558 C. Civil, « L'alluvion « n'a pas lieu à l'égard des lacs et étangs dont le propriétaire conserve tou-« jours le terrain que l'eau couvre quand elle est à la hauteur de la décharge « de l'étang, encore que le volume de l'eau vienne à diminuer.

« Réciproquement, le propriétaire de l'étang n'acquiert aucun droit sur « les terres riveraines que son eau vient à couvrir dans des crues extraordinaires ».

Il résulte de cet article que la limite normale d'un étang est celle de la partie submergée pendant les hautes eaux de l'hiver, sans qu'il y ait à tenir compte des crues extraordinaires.

Mais, bien entendu, l'art. 558 ne s'applique qu'autant que le déversoir de l'étang règle automatiquement le niveau normal des eaux retenues.

b) *Droits des propriétaires et des riverains des étangs.* — Le propriétaire possède à la fois *l'assec* (1) et *l'évolage* (2) ; il a le droit absolu de disposer du sol et des eaux, *sous la seule condition de se conformer aux règlements de police.*

Parfois, l'assec et l'évolage appartiennent à des propriétaires différents. Dans ce cas, l'étendue respective des droits de chacun d'eux est déterminée, soit par titres, soit par les anciens règlements ou usages locaux.

Le propriétaire a également les droits *de chasse* (à l'époque fixée par le préfet, loi du 3 mai 1844, art. 9), et *de pêche* (même en temps prohibé, lorsque l'étang n'est pas en communication directe avec une eau courante : loi du 15 avril 1829, art. 30). En ce qui touche le droit de pêche, remarquons que le propriétaire d'un étang a également la propriété du poisson qui le peuple et qui est, dans ce cas, *immeuble par destination* (art. 524 et 564 C. Civil).

Enfin, le propriétaire d'un étang peut y naviguer à sa guise, en extraire tous matériaux qu'il jugera utiles (sable, vase, etc.), se servir des eaux pour l'irrigation de ses terres et même le dessécher et le détruire, sous la réserve des droits des tiers.

Lorsque l'étang est formé par l'épanouissement, soit d'un cours d'eau navigable, soit d'une rivière non navigable, les droits du riverain seront ceux du riverain de l'un ou l'autre de ces cours d'eau.

Par contre, si l'étang constitue une propriété privée, les riverains ne peuvent bénéficier d'aucun des droits reconnus par les articles 644 et 645

1. C'est le temps pendant lequel un étang reste « à sec » après la pêche et peut être livré à la culture.
2. C'est l'aménagement successif d'une terre en étang, puis en prairie ou céréales.

C. Civil ; ils n'ont ni le droit de chasse, ni le droit de pêche, ne peuvent se servir de barques pour l'exploitation de leurs fonds, ni pratiquer de rigoles de dérivation, etc., à défaut du consentement du propriétaire.

C. *Obligations du propriétaire.* — Lorsque l'étang forme une section d'un cours d'eau navigable, mais dans ce cas seulement, il est soumis à la servitude de halage.

Le propriétaire de l'étang doit éviter de submerger les propriétés riveraines. Il encourt une amende, si l'inondation est volontaire (v. art. 457 C. Pénal et loi des 28 septembre, 6 octobre 1791, art. 15, titre II) ; si l'inondation est accidentelle, il peut être condamné à payer des dommages intérêts aux riverains lésés, s'il n'a pas pris les mesures nécessaires pour empêcher le débordement.

D'autre part, le propriétaire doit observer les règlements administratifs pour la police des étangs.

Ces règlements diffèrent suivant la nature des eaux d'alimentation.

Lorsque l'étang est alimenté par un cours d'eau, l'administration a le droit d'*autoriser et de réglementer les retenues et les autres ouvrages établis ;* elle peut contraindre les riverains à se conformer aux règlements relatifs au curage du chenal.

D'un autre côté, le préfet peut réglementer (et même interdire, mais après avis conforme du conseil d'hygiène), le rouissage des plantes textiles dans les étangs.

Enfin, les étangs peuvent même être supprimés par mesure administrative.

« Lorsque, dit la loi des 11-19 septembre 1792, les étangs, d'après les « avis et procès-verbaux des gens de l'art, peuvent occasionner, par la sta- « gnation de leurs eaux, des maladies épidémiques ou épizootiques, ou que, « par leur position, ils sont sujets à des inondations qui envahissent et rava- « gent les propriétés inférieures, les Conseils généraux des départements « sont autorisés à en ordonner la destruction, sur la demande formelle des « Conseils municipaux des communes et d'après l'avis des administrateurs « de district ».

D'après la jurisprudence, c'est aux préfets qu'il appartient aujourd'hui d'ordonner la suppression des étangs.

La réformation de l'arrêté du préfet peut toujours être demandée au ministre. En outre, cet arrêté est susceptible d'annulation pour violation de la loi, si les formes prescrites n'ont pas été observées.

Les propriétaires des étangs, dont la suppression est ordonnée, doivent effectuer eux-mêmes les travaux nécessaires. A défaut par eux d'y procéder dans le délai qui leur a été fixé, ces travaux sont exécutés d'office et à leurs frais par les soins de l'Administration.

S'agissant de l'application d'une mesure de police, les propriétaires des étangs supprimés ne sauraient prétendre, de ce fait, à aucune indemnité.

§ 2. — Desséchement des marais ; suppression des mares

1° *Desséchement des marais*. — La suppression des marais et, en général, de la plupart des eaux stagnantes, est considérée, avec raison, comme désirable, tant au point de vue agricole, par les terrains qu'elle rend à la culture, qu'à celui de la santé publique, par la disparition des fièvres paludéennes dont ces eaux sont ordinairement l'origine.

Dès 1169, il existait des associations formées en vue du desséchement des terres (wateringues), dans la région de Dunkerque. On en trouve également en Provence et dans le Comtat Venaissin, depuis le XVe et XVIe siècles.

Par édit du 8 avril 1599, Henri IV conféra à l'ingénieur hollandais Humfroy Bradley la concession de tous les marais du royaume, en vue de leur dessèchement.

Mais les travaux rencontrèrent de grandes difficultés et, après des alternatives diverses, l'édit du 14 juin 1764, rétablit dans leurs droits les propriétaires des marais.

Quelques années plus tard, les lois des 13-20 avril 1791, 28 août 1792 et 10 juin 1793, attribuèrent aux communes un grand nombre de marais, qui furent assimilés aux choses vaines et vagues.

La loi du 16 septembre 1807 substitua au principe de l'*expropriation préalable*, sur lequel était fondée la loi de 1791, le système de la plus-value.

Cette loi de 1807 provoqua le desséchement de nombreux marais ; elle a été complétée par celle du 21 juin 1865, qui favorise, en l'étendant, l'action des associations syndicales.

Nous allons examiner les conséquences de la législation qui vient d'être indiquée.

L'administration peut :

1° Exécuter elle-même, ou faire exécuter par les concessionnaires les dessèchements qu'elle juge utiles ou nécessaires (1).

2° Concéder les marais dépendant d'une propriété publique et domaniale (2).

D'autre part, les travaux peuvent être effectués, *soit par des associations syndicales*, *soit par les propriétaires eux-mêmes*.

a) *Dessèchements par concessionnaires*. — Le dessèchement d'un marais ne doit être concédé que si le ou les propriétaires refusent de s'en charger.

1. L. 16 septembre 1807, art. 1 et 2.
2. L. 16 septembre 1807, art. 41.

Presque toujours, le projet de dessèchement nécessite des expropriations ; dans ce cas, il est annoncé par voie d'affiches et reste déposé, pendant un mois au moins, au secrétariat de la préfecture.

Si, par exception, le projet ne comporte pas d'expropriations, il y a lieu, au préalable, à une tentative de formation d'associations syndicales autorisées (L. 21 juin 1865).

A défaut des propriétaires, le dessèchement est concédé par décret aux personnes ou aux communes dont la soumission est jugée la plus avantageuse, avec droit de préférence, à conditions égales, aux réunions de propriétaires. L'estimation a lieu suivant les règles établies par la loi de 1807.

En ce qui touche l'exécution des travaux, l'estimation des terrains après le dessèchement, le partage de la plus-value, l'entretien, la conservation et la police des travaux, nous renvoyons au texte de cette loi, qui figure dans la partie « annexes », et se suffit à lui-même.

Les conseils de préfecture connaissent de toutes contestations relatives à la fixation du périmètre à dessécher, aux polans, à la division des terrains en différentes classes, à l'estimation avant et après le dessèchement, à l'exécution des travaux, au partage de la plus-value, au paiement des indemnités, etc.

La juridiction administrative a également compétence pour statuer sur les contestations entre les concessionnaires et l'Administration.

b) *Dessèchements exécutés par l'Etat.* — Ils sont effectués, soit en régie, soit par un entrepreneur agissant pour le compte de l'Etat.

L'indemnité rétributive due par chaque propriétaire est toujours une quote-part de la plus-value. Mais la part de l'Etat dans la plus-value est fixée de manière à le rembourser de toutes ses dépenses (L. 16 septembre, art. 24).

D'un autre côté, les dessèchements peuvent être opérés *par voie d'expropriation générale*, lorsque des obstacles naturels, ou une opposition persistante du ou des propriétaires, ne permettent pas de procéder par voie de concession et obligent l'Administration à s'en charger.

Dans ce cas, le ou les propriétaires peuvent être contraints de délaisser leurs fonds en vertu d'un réglement d'administration publique rendu sur le rapport du ministre compétent (L. 16 septembre 1807, art. 20).

L'utilité publique est, dans les cas ordinaires, déclarée par un décret rendu en Conseil d'Etat (L. 21 juin 1865, art. 18).

Si les travaux ont une grande importance, on engage les finances de l'Etat, une loi est nécessaire (L. 27 juillet 1870, art. 1er).

c) *Dessèchements exécutés par les propriétaires.*

Le consentement unanime des intéressés est nécessaire (L. 16 septembre 1807, art. 4).

Les travaux terminés, il appartient aux propriétaires d'en assurer, sans intervention de l'Administration, la conservation et l'entretien.

d) *Dessèchements exécutés par des associatious syndicales.*

Ils sont prévus et réglementés par la loi du 21 juin 1865, modifiée par celle du 22 décembre 1888.

Nous reproduisons ces textes, qui se suffisent à eux-mêmes, dans la partie « annexes ».

e) *Dessèchements des marais appartenant à des communes.*

Une loi, du 28 juillet 1860, contient des règles spéciales pour le dessèchement des marais appartenant aux communes et dont la mise en valeur a été reconnue utile par le préfet.

Cette loi concerne plus spécialement la législation rurale.

2° *Suppression des mares.* — Une mare est un amas d'eau dormante, de superficie très faible.

Le maire doit ordonner les mesures nécessaires pour assurer l'assainissement et, s'il y a lieu, après avis du Conseil municipal, la suppression des mares communales placées dans l'intérieur des villages ou dans le voisinage des habitations, toutes les fois que ces mares compromettent la salubrité publique.

A défaut du maire, le préfet peut, sur l'avis du Conseil d'hygiène et après enquête de commodo et incommodo, décréter la suppression immédiate de ces mares ou prescrire, aux frais de la commune, les travaux reconnus utiles (L. 21 juin 1898, art. 22).

Lorsque les mares appartiennent à des particuliers, le maire doit également prendre, le cas échéant, les mesures utiles et prescrire, soit la suppression des mares, soit l'exécution des travaux nécessaires pour faire cesser toute cause d'insalubrité.

En cas de refus ou de négligence, le maire en réfère au préfet, qui, après avis du Conseil d'hygiène et du service hydraulique, peut ordonner la suppression de la mare dangereuse ou prescrire que les travaux reconnus indispensables soient effectués d'office aux frais du propriétaire, après mise en demeure préalable infructueuse.

§ 3. — Etangs salés

Ces étangs sont nombreux aux embouchures du Rhône et sur nos côtes de la Méditerranée. Ils sont souvent le siège d'importantes pêcheries et de riches salines.

Il résulte de la loi du 24 décembre 1896, sur l'inscription maritime, que certains étangs salés sont des dépendances de la mer (1) ; et que d'autres

1. Leurs rivages sont donc des rivages de la mer et ils font partie, au même titre, du domaine public maritime.

étangs salés, au contraire, ne font pas partie du domaine public maritime et constituent, par suite, des propriétés privées.

Mais cette loi ne s'est pas expliquée sur la façon de déterminer les étangs salés faisant partie du domaine public et ceux qui n'en font pas partie.

Cette question est aujourd'hui résolue, après de longs et vifs débats, par la jurisprudence actuellement admise au ministère de la marine.

Pour faire partie du domaine public, un étang salé doit remplir deux conditions :

1° *Etre en communication avec la mer ;*

2° *Etre navigable.*

Les rivages de l'étang sont alors considérés comme formant une suite des rivages de la mer, ayant la même nature physique et légale et une destination identique à l'usage du public.

Sont dans ce cas, les étangs de Leucate, de Maugino, de Salses, de Lapalme, de Saint-Jean, de Grazels, d'Ingril, de Pérolo, de Gloria, de Caronte, de Than, de Berre (côtes de la Méditerranée).

Mais tous les étangs salés navigables et en communication avec la mer ne font pas partie du domaine public.

En effet, sur un très grand nombre d'étangs salés existent des droits de propriété privée reconnus par l'Administration.

Les causes juridiques et historiques de cette exclusion du domaine national sont variées ; les unes dérivent des principes qui gouvernent la domanialité, les autres de causes historiques apportant des dérogations à ces principes (par exemple, titres antérieurs à l'Ordonnance de Moulins, de février 1566, qui a posé, comme l'on sait, la règle fondamentale de l'inaliénabilité et de l'imprescriptibilité du domaine public).

Les canaux salés qui mettent en communication les étangs salés entre eux ou avec la mer, les plans d'eau salée, et les pêcheries, sont soumis aux mêmes principes et aux mêmes distinctions.

REMARQUES IMPORTANTES

I. — En étudiant la « houille blanche » (Chap. III, § 5), nous faisions remarquer que l'utilisation de nos forces hydrauliques était entravée par certaines des dispositions de notre législation des eaux, incompatibles avec les règles d'une bonne exploitation industrielle de la force, et que, dans ces conditions, une intervention de l'Etat semblait nécessaire.

Cette intervention vient de se produire.

En effet, une loi, du 16 octobre 1919, relative à l'utilisation de l'énergie hydraulique, apporte de très grandes améliorations au régime antérieur, et satisfait aux desiderata généralement formulés.

Le titre 1er de cette loi vise les conditions générales d'exploitation et la classification des entreprises hydrauliques. Aux termes de l'art. 1er, nul ne peut disposer de l'énergie des marées, des lacs et des cours d'eau, quel que soit leur classement, sans une concession ou une autorisation de l'Etat. Les entreprises sont *concédées* ou *autorisées* (art. 2).

Le titre II s'occupe des entreprises concédées.

Suivant le cas, la concession est instituée *par une loi*, ou *par un décret rendu en Conseil d'Etat* (art. 3).

L'art. 4 détermine les droits du concessionnaire.

L'art. 7 prévoit, le cas échéant, une contribution de l'Etat, sous forme d'avance ou de subvention.

L'art. 9 organise la participation de l'Etat aux bénéfices.

L'art. 10 indique les modalités d'établissement du cahier des charges.

Le titre III s'occupe des entreprises autorisées.

D'après l'article 16, les autorisations sont accordées en principe par arrêté préfectoral, quel que soit le classement des cours d'eaux.

Le titre IV vise les entreprises antérieurement autorisées ou concédées.

Le titre V est intitulé « dispositions générales ». Aux termes de l'art. 20, les propriétaires d'usines ou de terrains qui auraient profité directement des améliorations de régime des cours d'eau résultant de l'exécution de travaux par l'Etat, les départements, les communes ou leurs concessionnaires, pourront être tenus de payer des indemnités de plus-value qui seront réglées par le Conseil de Préfecture, sauf recours au Conseil d'Etat.

Enfin, le titre VI abroge toutes les dispositions contraires à la nouvelle loi.

On trouvera, in-extenso, le texte de la loi du 16 octobre 1919, dans la partie « annexes ».

Etant donnée l'importance de la matière, il conviendra d'étudier ce texte minutieusement, en le rapprochant des dispositions de la loi du 8 avril 1898.

II. — Nous signalons également à l'attention des élèves, une loi très importante, du 11 juin 1920, intitulée : « loi concernant l'autonomie des ports mari- « times de commerce et la simplification des formalités relatives à l'exécu- « tion des travaux des ports ».

Le titre 1er vise l'administration des ports.

Il dispose (art. 1er), que l'administration d'un port maritime de commerce peut être confiée à un organisme local, dans certaines conditions.

D'après l'art. 2, un port dans lequel a été institué le nouveau régime, *devient un établissement public investi de la personnalité civile*.

L'administration du port est assurée par un conseil et par un directeur.

L'article 10 détermine les pouvoirs de ce conseil.

Les art. 11 et 12 fixent les ressources ordinaires et extraordinaires dont le port peut disposer.

Le titre II s'occupe des formalités pour l'exécution des travaux.

Ces nouvelles dispositions devront également être étudiés avec soin.

ANNEXES

I

ARTICLES DU CODE CIVIL SE RAPPORTANT A LA LÉGISLATION DES EAUX

II

LOIS ET RÈGLEMENTS ADMINISTRATIFS SUR LA LÉGISLATION DES EAUX

I. — Articles du Code Civil se rapportant à la législation des eaux

ARTICLE 524

Les objets que le propriétaire d'un fonds y a placés pour le service et l'exploitation de ce fonds sont immeubles par destination.

Ainsi, sont immeubles par destination, quand ils ont été placés par le propriétaire pour le service et l'exploitation du fonds :

. . . .

Les poissons des étangs.

. . . .

ARTICLE 531

Les bateaux, bacs, navires, moulins et bains sur bateaux, et, généralement, toutes usines non fixées par des piliers et ne faisant point partie de la maison, sont meubles......

ARTICLE 538

Les chemins, routes et rues à la charge de l'Etat, les fleuves et rivières navigables ou flottables, les rivages, lais et relais de la mer, les ports, les havres, les rades, et, généralement, toutes les portions du territoire français qui ne sont pas susceptibles d'une propriété privée sont considérés comme des dépendances du domaine public.

ARTICLE 556

Les atterrissements et accroissements qui se forment successivement et imperceptiblement aux fonds riverains d'un fleuve ou d'une rivière s'appellent alluvion.

L'alluvion profite au propriétaire riverain, soit qu'il s'agisse d'un fleuve ou d'une rivière navigable, flottable ou non ; à la charge, dans le premier cas, de laisser le marchepied ou chemin de halage, conformément aux règlements.

ARTICLE 557

Il en est de même des relais que forme l'eau courante qui se retire insensiblement de l'une de ses rives, en se portant sur l'autre : le propriétaire de la rive découverte profite de l'alluvion, sans que le riverain du côté opposé y puisse venir réclamer le terrain qu'il a perdu.

Ce droit n'a pas lieu à l'égard des relais de la mer.

Article 558

L'alluvion n'a pas lieu à l'égard des lacs et étangs dont le propriétaire conserve toujours le terrain que l'eau couvre quand elle est à la hauteur de la décharge de l'étang, encore que le volume de l'eau vienne à diminuer.

Réciproquement, le propriétaire de l'étang n'acquiert aucun droit sur les terres riveraines que son eau vient à couvrir dans les crues extraordinaires.

Article 559

Si un fleuve ou une rivière, navigable ou non, enlève par une force subite une partie considérable et reconnaissable d'un champ riverain et la porte vers un champ inférieur ou sur la rive opposée, le propriétaire de la partie enlevée peut réclamer sa propriété ; mais il est tenu de former sa demande dans l'année : après ce délai, il n'y sera plus recevable, à moins que le propriétaire du champ auquel la partie enlevée a été unie n'ait pas encore pris possession de celle-ci.

Article 560

Les îles, îlots, atterrissements, qui se forment dans le lit des fleuves ou des rivières navigables ou flottables, appartiennent à l'Etat s'il n'y a titre ou prescription contraire.

Article 561

Les îles et atterrissements, qui se forment dans les rivières non navigables et non flottables, appartiennent aux propriétaires riverains du côté où l'île s'est formée : si l'île n'est pas formée d'un seul côté, elle appartient aux propriétaires riverains des deux côtés, à partir de la ligne qu'on suppose tracée au milieu de la rivière.

Article 562

Si une rivière ou un fleuve, en se formant un bras nouveau, coupe et embrasse le champ d'un propriétaire riverain et en fait une île, ce propriétaire conserve la propriété de son champ, encore que l'île se soit formée dans un fleuve ou dans une rivière navigable ou flottable.

Article 563
(L. 8 avril 1898, art. 37)

Si un fleuve ou une rivière navigable ou flottable se forme un nouveau cours en abandonnant son ancien lit, les propriétaires riverains peuvent acquérir la propriété de cet ancien lit, chacun en droit soi, jusqu'à une ligne qu'on suppose tracée au milieu de la rivière. Le prix de l'ancien lit est fixé par des experts nommés par le président du tribunal de la situation des lieux, à la requête du préfet du département.

A défaut par les propriétaires riverains de déclarer, dans les trois mois de la notification qui leur sera faite par le préfet, l'intention de faire l'acquisition aux prix fixés par les experts, il est procédé à l'aliénation de l'ancien lit selon les règles qui président aux aliénations du domaine de l'État.

Le prix provenant de la vente est distribué aux propriétaires des fonds occupés par le nouveau cours, à titre d'indemnité, dans la proportion de la valeur du terrain enlevé à chacun d'eux.

Article 564

Les pigeons, lapins, poissons, qui passent dans un autre colombier, garenne ou étang, appartiennent au propriétaire de ces objets, pourvu qu'ils n'y aient point été attirés par fraude et artifice.

Article 640

Les fonds inférieurs sont assujettis envers ceux qui sont plus élevés à recevoir les eaux qui en découlent naturellement sans que la main de l'homme y ait contribué.

Le propriétaire inférieur ne peut point élever de digues qui empêchent cet écoulement.

Le propriétaire supérieur ne peut rien faire qui aggrave la servitude du fonds inférieur.

Article 641

(Voir L. 8 avril 1898).

Article 642

(Voir L. 8 avril 1898).

Article 643

(Voir L. 8 avril 1898).

Article 644

Celui dont la propriété borde une eau courante, autre que celle qui est déclarée dépendance du domaine public par l'article 538 au titre « de la distinction des biens », peut s'en servir à son passage pour l'irrigation de ses propriétés. Celui dont cette eau traverse l'héritage peut même en user dans l'intervalle qu'elle y parcourt, mais à la charge de la rendre, à la sortie de ses fonds, à son cours ordinaire.

Article 645

S'il s'élève une contestation entre les propriétaires auxquels ces eaux peuvent être utiles, les tribunaux, en prononçant, doivent concilier l'intérêt de l'agriculture avec le respect dû à la propriété ; et, dans tous les cas, les règlements particuliers et locaux sur le cours et l'usage des eaux doivent être observés.

ARTICLE 649

Les servitudes établies par la loi ont pour objet l'utilité publique ou communale, ou l'utilité des particuliers.

ARTICLE 650

Celles établies pour l'utilité publique ou communale ont pour objet le marchepied le long des rivières navigables ou flottables, la construction ou réparation des chemins et autres ouvrages publics ou communaux.

Tout ce qui concerne cette espèce de servitude est déterminé par les lois ou les règlements particuliers.

ARTICLE 681

Tout propriétaire doit établir des toits de manière que les eaux pluviales s'écoulent sur son terrain ou sur voie publique ; il ne peut les faire verser sur le fonds de son voisin.

II. — Lois et Règlements administratifs sur la législation des eaux

Loi du 16 Septembre 1807

Relative au Dessèchement des Marais

TITRE Ier. — DESSÈCHEMENT DES MARAIS

ARTICLE PREMIER. — La propriété des marais est soumise à des règles particulières. Le Gouvernement ordonnera les dessèchements qu'il jugera utiles ou nécessaires.

ART. 2. — Les dessèchements seront exécutés par l'Etat ou par des concessionnaires.

ART. 3. — Lorsqu'un marais appartiendra à un seul propriétaire, ou lorsque tous les propriétaires seront réunis, la concession du dessèchement leur sera toujours accordée, s'ils se soumettent à l'exécuter dans les délais fixés, et conformément aux plans adoptés par le Gouvernement.

ART. 4 — Lorsqu'un marais appartiendra à un propriétaire, ou à une réunion de propriétaires qui ne se soumettront pas à dessécher dans les délais, et selon les plans adoptés, ou qui n'exécuteront pas les conditions auxquelles ils se seront soumis; lorsque les propriétaires ne seront pas tous réunis; lorsque, parmi lesdits propriétaires, il y aura une ou plusieurs communes, la concession du dessèchement aura lieu en faveur des concessionnaires dont la soumission sera jugée la plus avantageuse par le Gouvernement : celles qui seraient faites par des communes propriétaires, ou par un certain nombre de propriétaires réunis, seront préférées à conditions égales.

ART. 5. — Les concessions seront faites par des décrets rendus en Conseil d'Etat, sur des plans levés ou sur des plans vérifiés et approuvés par les ingénieurs des ponts et chaussées, aux conditions prescrites par la présente loi, aux conditions qui seront établies par les règlements généraux à intervenir, et aux charges qui seront fixées à raison des circonstances locales.

ART. 6. — Les plans seront levés, vérifiés et approuvés aux frais des entrepreneurs du dessèchement; si ceux qui auront fait la première soumission, et fait lever ou vérifier les plans, ne demeurent pas concessionnaires, ils seront remboursés par ceux auxquels la concession sera définitivement accordée. — Le plan général du marais comprendra tous les terrains qui seront présumés devoir profiter du dessèchement. Chaque propriété y sera distinguée, et son étendue exactement circonscrite. — Au plan général seront joints tous les profils et nivellements nécessaires; ils seront, le plus possible, exprimés sur le plan par des cotes particulières.

TITRE II. — FIXATION DE L'ÉTENDUE, DE L'ESPÈCE ET DE LA VALEUR ESTIMABLE DES MARAIS AVANT LE DESSÉCHEMENT

Art. 7. — Lorsque le Gouvernement fera un desséchement, ou lorsque la concession aura été accordée, il sera formé entre les propriétaires un syndicat, à l'effet de nommer les experts qui devront procéder aux estimations statuées par la présente loi. — Les syndics seront nommés par le Préfet : ils seront pris parmi les propriétaires les plus imposés, à raison des marais à dessécher. Les syndics seront au moins au nombre de trois, et au plus au nombre de neuf, ce qui sera déterminé dans l'acte de concession.

Art. 8. — Les syndics réunis nommeront et présenteront un expert au préfet du département. — Les concessionnaires en présenteront un autre ; le préfet nommera un tiers-expert. — Si le desséchement est fait par l'État, le préfet nommera un second expert, et le tiers-expert sera nommé par le Ministre de l'Intérieur.

Art. 9. — Les terrains des marais seront divisés en plusieurs classes, dont le nombre n'excédera pas dix et ne pourra être au-dessous de cinq ; ces classes seront formées d'après les divers degrés d'inondation. Lorsque la valeur des différentes parties du marais éprouvera d'autres variations que celles provenant des divers degrés de submersion, et, dans ce cas seulement, les classes seront formées sans égard à ces divers degrés, et toujours de manière à ce que toutes les terres de même valeur présumée soient dans la même classe.

Art. 10. — Le périmètre des diverses classes sera tracé sur le plan cadastral qui aura servi de base à l'entreprise. Ce tracé sera fait par les ingénieurs et les experts réunis.

Art. 11. — Le plan, ainsi préparé, sera soumis à l'approbation du préfet ; il restera déposé au secrétariat de la Préfecture pendant un mois ; les parties intéressées seront invitées, par affiches, à prendre connaissance du plan, à fournir leurs observations sur son exactitude, sur l'étendue donnée aux limites jusques auxquelles se feront sentir les effets du desséchement, et, enfin, sur le classement des terres.

Art. 12. — Le préfet, après avoir reçu ces observations, celles en réponse des entrepreneurs du desséchement, celles des ingénieurs et des experts, pourra ordonner les vérifications qu'il jugera convenables. — V. *infrà*, L. 21 juin 1865, art. 26.

Art. 13. — Lorsque les plans auront été définitivement arrêtés, les deux experts nommés par les propriétaires et les entrepreneurs du desséchement se rendront sur les lieux, et, après avoir recueilli tous les renseignements nécessaires, ils procéderont à l'appréciation de chacune des classes composant le marais, en égard à sa valeur réelle au moment de l'estimation considérée dans son état de marais, et sans pouvoir s'occuper d'une estimation détaillée par propriété. — Les experts procéderont en présence du tiers-expert, qui les départagera, s'ils ne peuvent s'accorder.

Art. 14. — Le procès-verbal d'estimation par classe sera déposé pendant un mois à la Préfecture. Les intéressés en seront prévenus par affiches. Dans tous les cas, l'estimation sera soumise à ladite commission pour être homologuée par elle ; elle pourra décider outre et contre l'avis des experts. — V. *infrà*, L. 21 juin 1865, art. 26.

Art. 15. — Dès que l'estimation aura été définitivement arrêtée, les travaux de desséchement seront commencés ; ils seront poursuivis et terminés dans les délais fixés par l'acte de concession, sous les peines portées audit acte.

TITRE III. — DES MARAIS PENDANT LE COURS DES TRAVAUX DE DESSÉCHEMENT

Art. 16. — Lorsque, d'après l'étendue des marais ou la difficulté des travaux, le desséchement ne pourra être opéré dans trois ans, l'acte de concession pourra attribuer aux entrepreneurs du desséchement une portion en deniers du produit des fonds qui auront les premiers profité des travaux de desséchement. V. *infrà*, L. 21 juin 1865, art. 16.

TITRE IV. — DES MARAIS APRÈS LE DESSÉCHEMENT ET DE L'ESTIMATION DE LEUR VALEUR

Art. 17. — Lorsque les travaux prescrits par l'Etat ou par l'acte de concession seront terminés, il sera procédé à leur vérification et réception. — V. *infrà*, L. 21 juin 1865, art. 26.

Art. 18. — Dès que la reconnaissance des travaux aura été approuvée, les experts respectivement nommés par les propriétaires et par les entrepreneurs du desséchement, et accompagnés du tiers-expert, procéderont, de concert avec les ingénieurs, à une classification des fonds desséchés, suivant leur valeur nouvelle et l'espèce de culture dont ils seront venus susceptibles. — Cette classification sera vérifiée, arrêtée, suivie d'une estimation, le tout dans les mêmes formes ci-dessus prescrites pour la classification et l'estimation des marais avant le desséchement.

TITRE V. — RÈGLES POUR LE PAYEMENT DES INDEMNITÉS DUES PAR LES PROPRIÉTAIRES, EN CAS DE DÉPOSSESSION

Art. 19. — Dès que l'estimation des fonds desséchés aura été arrêtée, les entrepreneurs du desséchement présenteront à la commission un rôle contenant : — 1° le nom des propriétaires ; — 2° l'étendue de leur propriété ; — 3° les classes dans lesquelles elle se trouve placée, le tout relevé sur le plan cadastral ; — 4° l'énonciation de la première estimation, calculée à raison de l'étendue et des classes ; — 5° le montant de la valeur nouvelle de la propriété depuis le desséchement, réglée par la seconde estimation et le second classement ; — 6° enfin la différence entre les deux estimations. — S'il reste dans le marais des portions qui n'auront pu être desséchées, elles ne donneront lieu à aucune prétention de la part des entrepreneurs du desséchement.

Art. 20. — Le montant de la plus-value obtenue par le desséchement sera divisé entre le propriétaire et le concessionnaire, dans les proportions qui auront été fixées par l'acte de concession. Lorsqu'un desséchement sera fait par l'Etat, sa portion dans la plus-value sera fixée de manière à le rembourser de toutes ses dépenses. Le rôle des indemnités sur la plus-value sera arrêté par la commission et rendu exécutoire par le préfet.

Art. 21. — Les propriétaires auront la faculté de se libérer de l'indemnité par eux due, en délaissant une portion relative de fonds calculée sur le pied de la dernière estimation ; dans ce cas, il n'y aura lieu qu'au droit fixe de un franc, pour l'enregistrement de l'acte de mutation de propriété.

Art. 22. — Si les propriétaires ne veulent pas délaisser des fonds en nature, ils constitueront une rente sur le pied de 4 pour 100, sans retenue ; le capital de cette rente sera toujours remboursable, même par portions, qui, cependant, ne pourront être moindres d'un dixième et moyennant vingt-cinq capitaux.

Art. 23. — Les indemnités dues aux concessionnaires ou au Gouvernement, à raison de la plus-value résultant des dessèchements, auront privilège sur toute ladite plus-value, à la charge seulement de faire transcrire l'acte de concession ou le décret qui ordonnera le dessèchement au compte de l'Etat dans le bureau ou dans les bureaux des hypothèques de l'arrondissement ou des arrondissements de la situation des marais desséchés, — L'hypothèque de tout individu inscrit avant le dessèchement sera restreinte, au moyen de la transcription ci-dessus ordonnée, sur une portion de propriété égale en valeur à sa première valeur estimative des terrains desséchés.

Art. 24. — Dans le cas où le dessèchement d'un marais ne pourrait être opéré par les moyens ci-dessus organisés, et où, soit par les obstacles de la nature, soit par des oppositions persévérantes des propriétaires, on ne pourrait parvenir au dessèchement, le propriétaire ou les propriétaires de la totalité des marais pourront être contraints à délaisser leur propriété, sur estimation faite dans les formes déjà prescrites. — Cette estimation sera soumise au jugement et à l'homologation d'une commission formée à cet effet, et la cession sera ordonnée sur le rapport du Ministre de l'Intérieur, par un règlement d'administration publique.

TITRE VI. — DE LA CONSERVATION DES TRAVAUX DE DESSÈCHEMENT

Art. 25. — Durant le cours des travaux de dessèchement, les canaux, fossés, rigoles, digues et autres ouvrages, seront entretenus et gardés aux frais des entrepreneurs du dessèchement.

Art. 26. — A compter de la réception des travaux, l'entretien et la garde seront à la charge des propriétaires, tant anciens que nouveaux. Les syndics déjà nommés, auxquels le préfet pourra en adjoindre deux ou quatre pris parmi les nouveaux propriétaires, proposeront au préfet des règlements d'administration publique qui fixeront le genre et l'étendue des contributions nécessaires pour subvenir aux dépenses. — La commission donnera son avis sur les projets de règlement, et, en les adressant au ministre, proposera aussi la création d'une administration composée de propriétaires qui devra faire exécuter les travaux ; il sera statué sur le tout en Conseil d'Etat.

Art. 27. — La conservation des travaux de dessèchement, celle des digues contre les torrents, rivières et fleuves, et sur les bords des lacs et de la mer, est commise à l'administration publique. Toutes réparations et dommages seront poursuivis par voie administrative comme pour les objets de grande voirie. Les délits seront poursuivis par les voies ordinaires, soit devant les tribunaux de police correctionnelle, soit devant les cours criminelles, en raison des cas.

TITRE VII. — DES TRAVAUX DE NAVIGATION, DES ROUTES, DES PONTS, DES RUES, PLACES ET QUAIS DANS LES VILLES, DES DIGUES, DES TRAVAUX DE SALUBRITÉ DANS LES COMMUNES

Art. 30. — Lorsque par suite des travaux déjà énoncés dans la présente loi, lorsque par l'ouverture de nouvelles rues, par la formation de places nouvelles, par la construction de quais, ou par tous autres travaux publics généraux, départementaux ou communaux, ordonnés ou approuvés par le Gouvernement, des propriétés privées auront acquis une notable augmentation de valeur, ces propriétés pourront être chargées de payer une indemnité qui pourra s'élever jusqu'à la valeur de la moitié des avantages qu'elles auront acquis ; le tout sera réglé par estimation dans les formes déjà établies par la présente loi, jugé et homologué par la commission qui aura été nommée à cet effet.

Art. 31. — Les indemnités pour payement de plus-value seront acquittées, au choix des débiteurs, en argent ou en rentes constituées à 4 pour 100 net, ou en délaissement d'une partie de la propriété si elle est divisible ; ils pourront aussi délaisser en entier les fonds, terrains ou bâtiments dont la plus-value donne lieu à l'indemnité, et, ce sur l'estimation réglée d'après la valeur qu'avait l'objet avant l'exécution des travaux desquels la plus-value aura résulté. — Les articles 21 et 23, relatifs aux droits d'enregistrement et aux hypothèques, sont applicables aux cas spécifiés dans le présent article.

Art. 32. — Les indemnités ne seront dues par les propriétaires des fonds voisins des travaux effectués que lorsqu'il aura été décidé, par un règlement d'administration publique rendu sur le rapport du Ministre de l'Intérieur, et après avoir entendu les parties intéressées, qu'il y a lieu à l'application des deux articles précédents.

Art. 33. — Lorsqu'il s'agira de construire des digues à la mer, ou contre les fleuves, rivières et torrents navigables ou non navigables, la nécessité en sera constatée par le Gouvernement, et la dépense supportée par les propriétés protégées, dans la proportion de leur intérêt aux travaux, sauf les cas où le Gouvernement croirait utile et juste d'accorder des secours sur les fonds publics.

Art. 34. — Les formes précédemment établies et l'intervention d'une commission seront appliquées à l'exécution du précédent article. Lorsqu'il y aura lieu de pourvoir aux dépenses d'entretien ou de réparation des mêmes travaux, au curage des canaux qui sont en même temps de navigation et de dessèchement, il sera fait des règlements d'administration publique qui fixeront la part contributive du Gouvernement et des propriétaires. Il en sera de même lorsqu'il s'agira de levées, de barrages, de pertuis, d'écluses, auxquels des propriétaires de moulins ou d'usines seraient intéressés.

Art. 35. — Tous les travaux de salubrité qui intéressent les villes et les communes seront ordonnés par le Gouvernement, et les dépenses supportées par les communes intéressées.

Art. 36. — Tout ce qui est relatif aux travaux de salubrité sera réglé par l'administration publique; elle aura égard, lors de la rédaction du rôle de la contribution spéciale destinée à faire face aux dépenses de ce genre de travaux, aux avantages immédiats qu'acquerraient telles ou telles propriétés privées, pour les faire contribuer à la décharge de la commune dans des proportions variées, et justifiées par les circonstances.

Art. 37. — L'exécution des deux articles précédents restera dans les attributions des préfets et des conseils de préfecture.

TITRE VIII. — DES TRAVAUX PUBLICS DE ROUTE ET DE NAVIGATION RELATIFS A L'EXPLOITATION DES FORÊTS ET MINIÈRES

Art. 38. — Lorsqu'il y aura lieu d'ouvrir ou de perfectionner une route ou des moyens de navigation dont l'objet sera d'exploiter avec économie des forêts ou bois, des mines ou minières, ou de leur fournir un débouché, toutes propriétés de cette espèce, générales, communales ou privés, qui devront en profiter, seront appelées à contribuer pour la totalité de la dépense, dans les proportions variées des avantages qu'elles devront en recueillir. — Le Gouvernement pourra néanmoins accorder sur les fonds publics les secours qu'il croira nécessaires.

Art. 39. — Les propriétaires se libéreront dans les formes énoncées aux articles 21, 22 et 23 de la présente loi.

Art. 40. — Les formes d'estimation et l'intervention de la commission organisée par la présente loi seront appliquées à l'exécution des deux précédents articles.

TITRE IX. — DE LA CONCESSION DES DIVERS OBJETS DÉPENDANT DU DOMAINE

Art. 41. — Le gouvernement concédera, aux conditions qu'il aura réglées, les marais, lais, relais de la mer, le droit d'endiguage, les accrues, attérissements et alluvions des fleuves, rivières et torrents, quant à ceux de ces objets qui forment propriété publique ou domaniale.

TITRE X. — DE L'ORGANISATION ET DES ATTRIBUTIONS DES COMMISSIONS SPÉCIALES

Art. 42. — Lorsqu'il s'agira d'un desséchement de marais ou d'autres ouvrages déjà énoncés en la présente loi, et pour lesquels l'intervention d'une commission spéciale est indiquée, cette commission sera établie ainsi qu'il suit :

Art. 43. — Elle sera composée de sept commissaires : leur avis ou leurs décisions seront motivés; ils devront, pour les prononcer, être au moins au nombre de cinq.

Art. 44. — Les commissaires seront pris parmi les personnes qui seront présumés avoir le plus de connaissances relatives soit aux localités, soit aux divers objets sur lesquels ils auront à prononcer. — Il seront nommés par l'empereur.

Art. 45. — Les formes de la réunion des membres de la commission, la fixation des époques de ses séances et des lieux où elles seront tenues, les règles pour la présidence, le secrétariat et la garde des papiers, les frais qu'entraîneront ses opérations, et enfin tout ce qui concerne son organisation, seront déterminés, dans chaque cas, par un règlement d'administration publique.

Art. 46. — Les commissions spéciales connaîtront de tout ce qui est relatif au classement des diverses propriétés avant ou après le dessèchement des marais, à leur estimation, à la vérification de l'exactitude des plans cadastraux, à l'exécution des clauses des actes de concession relatifs à la jouissance par les concessionnaires d'une portion des produits, à la vérification et à la réception des travaux de dessèchement, à la formation et à la vérification du rôle de plus-value des terres après le dessèchement ; elles donneront leur avis sur l'organisation du mode d'entretien des travaux de dessèchement ; elles arrêteront les estimations dans le cas, prévu par l'article 4, où le Gouvernement aurait à déposséder tous les propriétaires d'un marais ; elles connaîtront des mêmes objets, lorsqu'il s'agira de fixer la valeur des propriétés, avant l'exécution de travaux d'un autre genre, comme routes, canaux, quais, digues, ponts, rues, etc., et après l'exécution desdits travaux, et lorsqu'il sera question de fixer la plus-value.

Art. 47. — Elles ne pourront, en aucun cas, juger les questions de propriété sur lesquelles il sera prononcé par les tribunaux ordinaires, sans que, dans aucun cas, les opérations relatives aux travaux, ou l'exécution des décisions de la commission, puissent être retardées ou suspendues.

TITRE X. — DES INDEMNITÉS AUX PROPRIÉTAIRES POUR OCCUPATIONS DE TERRAINS

Art. 48. — Lorsque, pour exécuter un dessèchement, l'ouverture d'une nouvelle navigation, un pont, il sera question de supprimer des moulins et autres usines, de les déplacer, modifier, ou de réduire l'élévation de leurs eaux, la nécessité en sera constatée par les ingénieurs des ponts et chaussées. Le prix de l'estimation sera payé par l'Etat, lorsqu'il entreprend les travaux ; lorsqu'ils sont entrepris par des concessionnaires, le prix de l'estimation sera payé avant qu'ils puissent faire cesser le travail des moulins et usines. — Il sera d'abord examiné si l'établissement des moulins et usines est l'égal ; ou si le titre d'établissement ne sonmet pas les propriétaires à voir démolir leurs établissements sans indemnité, si l'utilité publique le requiert.

. . . .

Art. 50. — Lorsqu'un propriétaire fait volontairement démolir sa maison, lorsqu'il est forcé de la démolir pour cause de vétusté, il n'a droit à indemnité que pour la valeur du terrain délaissé, si l'alignement qui lui est donné par les autorités compétentes le force à reculer sa construction.

Art. 52. — Dans les villes, les alignements pour l'ouverture des nouvelles rues, pour l'élargissement des anciennes qui ne font point partie d'une grande route, ou pour tout autre objet d'utilité publique, seront donnés par les maires, conformément au plan dont les projets auront été adressés aux préfets. — V. Décr. 25 mars 1852, tableau A, § 50.

ART. 53. — Au cas où, par les alignements arrêtés, un propriétaire pourrait recevoir la faculté de s'avancer sur la voie publique, il sera tenu de payer la valeur du terrain qui lui sera cédé. Dans la fixation de cette valeur, les experts auront égard à ce que le plus ou le moins de profondeur du terrain cédé, la nature de la propriété, le reculement du reste du terrain bâti ou non bâti loin de la nouvelle voie, peuvent ajouter ou diminuer de valeur relative pour le propriétaire. — Au cas où le propriétaire ne voudrait point acquérir, l'administration publique est autorisée à le déposséder de l'ensemble de sa propriété, en lui payant la valeur telle qu'elle était avant l'entreprise des travaux. La cession et la revente seront faites comme il a été dit en l'article 51 ci-dessus. — V. *décr. 26 mars* 1852, art. 2.

ART. 53. — Lorsqu'il y aura lieu en même temps à payer une indemnité à un propriétaire pour terrains occupés, et à recevoir de lui une plus-value pour des avantages acquis à ses propriétés restantes, il y aura compensation jusqu'à concurrence ; et le surplus seulement, selon les résultats, sera payé au propriétaire ou acquitté par lui.

ART. 55. — Les terrains occupés pour prendre les matériaux nécessaires aux routes ou aux constructions pnbliques pourront être payés aux propriétaires comme s'ils eussent pris pour la route même. V. L. 29 déc. 1892, art. 13.

ART. 56. — V. L. 22 juil. 1889, art. 13 et suiv.

ART. 57. — Le contrôleur et le directeur des contributions donneront leur avis sur le procès-verbal d'expertise, qui sera soumis, par le préfet, à la délibération du conseil de préfecture ; le prfet pourra, dans tous les cas, faire faire une nouvelle expertise.

TITRE XII. — DISPOSITIONS GÉNÉRALES

ART. 58. — Les indemnités pour plus-value, dues à raison des travaux déjà entrepris et spécialement à raison des travaux de desséchement, seront réglées d'après les dispositions de la présente loi. Des règlements d'administration publique statueront sur la possibilité et le mode d'application à chaque cas ou entreprise particulière ; et alors l'organisation et l'intervention de la commission spéciale seront toujours nécessaires.

ART. 59. — Toutes les lois antérieures cesseront d'avoir leur exécution en ce qui serait contraire à la présente.

Loi du 15 avril 1829-6 juin 1840

relative à la pêche fluviale (extrait).

ARTICLE PREMIER. — Le droit de pêche sera exercé au profit de l'Etat : 1° dans tous les fleuves, rivières, canaux et contre-fossés navigables ou flottables avec bateaux, trains ou radeaux, et dont l'entretien est à large de l'Etat ou de ses ayants-cause ; —

2° dans les bras, noues, boires et fossés qui tirent leurs eaux des fleuves et rivières navigables ou flottables dans lesquels on peut en tout temps passer ou pénétrer librement en bateau de pêcheur, et dont l'entretien est également à la charge de l'Etat. Sont toutefois exceptés les canaux et fossés existants ou qui seraient creusés dans les propriétés particulières, et entretenus aux frais des propriétaires.

Art. 2. — Dans toutes les rivières et canaux autres que ceux qui sont désignés dans l'article précédent, les propriétaires riverains auront, chacun de son côté, le droit de pêche jusqu'au milieu du cours d'eau, sans préjudice des droits contraires établis par possession ou titres.

Art. 3 — Des ordonnances, insérées au *Bulletin des Lois*, détermineront, après une enquête de commodo et incommodo, quelles sont les parties des fleuves et rivières, et quels sont les canaux désignés dans les deux premiers paragraphes de l'article premier, où le droit de pêche sera exercé au profit de l'Etat. De semblables ordonnances fixeront les limites entre la pêche fluviable et la pêche maritime dans les fleuves et rivières affluant à la mer. Ces limites seront les mêmes que celles de l'inscription maritime ; mais la pêche qui se fera au-dessus du point où les eaux cesseront d'être salées sera soumise aux règles de police de conservation établies pour la pêche fluviale. Dans le cas ou des cours d'eau seraient rendus ou déclarés navigables ou flottables, les propriétaires qui seront privés du droit de pêche auront droit à une indemnité préalable, qui sera réglée selon les formes prescrites par les articles 16, 17 et 18 de la loi du 8 mars 1810, compensation faite des avantages qu'ils pourraient retirer de la disposition prescrite par le Gouvernement.

Loi du 29 avril 1845
sur les irrigations

Article premier. — Tout propriétaire qui voudra se servir, pour l'irrigation de ses propriétés, des eaux naturelles ou artificielles dont il a le droit de disposer, pourra obtenir le passage de ces eaux sur les fonds intermédiaires, à la charge d'une juste et préalable indemnité.

Sont exceptés de cette servitude, les maisons, cours, jardins, parcs et enclos attenant aux habitations.

Art. 2. — Les propriétaires des fonds inférieurs devront recevoir les eaux qui s'écouleront des terrains ainsi arrosés, sauf l'indemnité qui pourra leur être due.

Seront également exceptés de cette servitude, les maisons, cours, jardins, parcs et enclos attenant aux habitations.

Art. 3. — La même faculté de passage sur les fonds intermédiaires pourra être accordée au propriétaire d'un terrain submergé en tout ou en partie, à l'effet de procurer aux eaux nuisibles leur écoulement.

Art. 4. — Les contestations auxquelles pourront donner lieu l'établissement de la servitude, la fixation du parcours de la conduite d'eau, de ses dimensions et de sa forme, et les indemnités dues, soit au propriétaire du fond traversé, soit à celui du fond qui recevra l'écoulement des eaux, seront portées devant les tribunaux, qui, en prononçant, devront concilier l'intérêt de l'opération avec le respect dû à la propriété.

Il sera procédé devant les tribunaux comme en matière sommaire, et, s'il y a lieu à expertise, il pourra n'être nommé qu'un seul expert.

Art. 5. — Il n'est aucunement dérogé par les présentes dispositions aux lois qui règlent la police des eaux.

Loi du 11 juillet 1847

sur les irrigations

Article premier. — Tout propriétaire qui voudra se servir, pour l'irrigation de ses propriétés, des eaux naturelles ou artificielles dont il a le droit de disposer, pourra obtenir la faculté d'appuyer sur la propriété du riverain opposé les ouvrages d'art nécessaire à sa prise d'eau, à la charge d'une juste et préalable indemnité.

Sont exceptés de cette servitude, les bâtiments, cours et jardins attenant aux habitations.

Art. 2. — Le riverain sur le fonds duquel l'appui sera réclamé pourra toujours demander l'usage commun du barrage, en contribuant pour moitié aux frais d'établissement et d'entretien ; aucune indemnité ne sera respectivement due dans ce cas, et celle qui aurait été payée devra être rendue.

Lorsque cet usage commun ne sera réclamé qu'après le commencement ou la confection des travaux, celui qui le demandera devra supporter seul l'excédent de dépense auquel donneront lieu les changements à faire au barrage pour le rendre propre à l'irrigation des deux rives.

Art. 3. — Les contestations auxquelles pourra donner lieu l'application des deux articles ci-dessus seront portées devant les tribunaux.

Il sera procédé comme en matière sommaire, et, s'il y a lieu à expertise, le tribunal pourra ne nommer qu'un seul expert.

Art. 4. — Il n'est aucunement dérogé, par les présentes dispositions, aux lois qui règlent la police des eaux.

Loi du 10 juin 1854

sur le libre écoulement des eaux provenant du drainage

Article premier. — Tout propriétaire qui veut assainir son fonds par le drainage, ou un autre mode d'asséchement peut, moyennant une juste et préalable indemnité, en conduire les eaux souterrainement ou à ciel ouvert, à travers les propriétés qui séparent ce fonds d'un cours d'eau ou de toute autre voie d'écoulement.

Sont exceptés de cette servitude, les maisons, cours, jardins, parcs et enclos attenant aux habitations.

Art. 2. — Les propriétaires de fonds voisins ou traversés ont la faculté de se servir des travaux faits en vertu de l'article précédent, pour l'écoulement des eaux de leurs fonds.

Ils supportent dans ce cas : 1° une part proportionnelle dans la valeur des travaux dont ils profitent; 2° les dépenses résultant des modifications que l'exercice de cette faculté peut rendre nécessaires; et 3° pour l'avenir, une part contributive dans l'entretien des travaux devenus communs.

Art. 3. — Les associations de propriétaires qui veulent, au moyen de travaux d'ensemble, assainir leurs héritages par le drainage ou tout autre mode d'assèchement, jouissant des droits et supportant les obligations qui résultent des articles précédents. Ces associations peuvent, sur leur demande, être constituées, par arrêtés préfectoraux, en syndicats auxquels sont applicables les articles 3 et 4 de la loi du 14 floréal, an XI.

Art. 4. — Les travaux que voudraient exécuter les associations syndicales, les communes ou les départements, pour faciliter le drainage ou tout autre mode d'assèchement peuvent être déclarés d'utilité publique par décret rendu en Conseil d'État.

Le règlement des indemnités dues pour expropriation est fait conformément aux paragraphes 2 et suivants de l'art. 16 de la loi du 21 mai 1836.

Art. 5. — Les contestations auxquelles peuvent donner lieu l'établissement et l'exercice de la servitude, la fixation du parcours des eaux, l'exécution des travaux de drainage ou d'assèchement, les indemnités et les frais d'entretien, sont portées en premier ressort devant le juge de paix du canton, qui, en prononçant, doit concilier les intérêts de l'opération avec le respect dû à la propriété.

S'il y a lieu à expertise, il pourra n'être nommé qu'un seul expert (V. loi du 21 juin 1865, art. 19).

Art. 6. — La destruction totale ou partielle des conduits d'eau ou fossés évacuateurs est punie des peines portées à l'art. 456 du code pénal.

Tout obstacle apporté volontairement au libre écoulement des eaux est puni des peines portées par l'art. 457 du même code. L'article 463 du code pénal peut être appliqué.

Art. 7. — Il n'est aucunement dérogé aux lois qui règlent la police des eaux.

Décret du 21 février 1852

sur la fixation des limites de l'inscription maritime dans les fleuves et rivières affluant à la mer, et sur le domaine public maritime (extrait)

Article premier. — Des décrets du président de la République, insérés au *Bulletin des Lois* et rendus sur la proposition du Ministre de la Marine, détermineront, dans les fleuves et rivières affluant directement ou indirectement à la mer, les limites de l'inscription maritime et les points de cessation de la salure des eaux.

Art. 2. — Les limites de la mer seront déterminées par des décrets du président de la République, rendus sous forme de règlements d'administration publique, tous les droits des tiers réservés, sur le rapport du Ministre des Travaux publics, lorsque cette délimitation aura lieu à l'embouchure des fleuves et rivières, et sur le rapport du Ministre de la Marine, lorsque cette délimitation aura lieu sur un point du littoral. Dans ce dernier cas, les opérations préparatoires seront indistinctement confiées, par le Ministre de la Marine, soit aux préfets maritimes, soit aux préfets de département.

Quant aux déclarations de domanialité relatives à des portions du domaine public maritime, elles seront faites par les mêmes fonctionnaires, dont les arrêtés déclaratifs seront visés par le Ministre de la Marine.

Art. 3. — L'avis du Ministre de la Marine sera réclamé en ce qui concerne la concession des lais et relais de mer, et son assentiment devra être obtenu pour les autorisations relatives à la formation d'établissements, de quelque nature que ce soit, sur la mer et ses rivages.

Décret du 15 juillet 1854

modifié par décret du 26 février 1876, sur l'organisation du service des officiers et maîtres de port (extrait)

Article premier. — Les agents spéciaux préposés à la police des ports de commerce sont classés ainsi qu'il suit :

Capitaines de port;

Lieutenants de port;

Maîtres de port.

Les capitaines et lieutenants de port sont placés dans les ports les plus importants; ils peuvent être secondés par un ou plusieurs maîtres de port.

Les maîtres de port ne sont placés isolément que dans les ports, criques et havres d'un ordre inférieur.

Art. 12. — Les officiers et maîtres de port sont chargés de veiller à la propreté et à la sûreté matérielle des rades, des passes navigables, des ports, bassins, quais et autres ouvrages qui en font partie.

Ils exercent, en outre, la police sur les ports et toutes leurs dépendances; ils l'exercent également sur les rades et dans les passes navigables, mais uniquement en ce qui concerne la propreté et la sûreté matérielle, ainsi que le placement des bouées, balises et feux flottants.

Ils sont assermentés devant le tribunal de première instance du lieu de leur résidence.

Art. 13. — Ils surveillent et contrôlent l'éclairage des phares et fanaux et les signaux, tant de jour que de nuit, dans l'étendue des ports, rades et passes navigables à la surveillance desquels il sont préposés.

Ils règlent l'ordre d'entrée et de sortie des navires dans les ports et dans les bassins; ils fixent la place que ces navires doivent occuper, les font ranger et amarrer, ordonnent et dirigent tous les mouvements.

Ils surveillent les lestages et les delestages et veillent notamment à ce que le lest soit pris ou déposé dans les lieux indiqués par l'ingénieur des ponts et chaussées, sous les ordres immédiats duquel il sont placés.

Ils prescrivent les mesures nécessaires pour que le lancement à la mer des navires de commerce s'effectue sans obstacle et sans accident; ils surveillent les fumigations, le chauffage, le calfatage, le radoub et la démolition des navires.

Ils veillent à l'extinction des feux, à l'enlèvement des poudres, aux débarquements et embarquements ainsi qu'à la sûreté des navires, et dirigent les secours qu'il faut leur porter quand ils sont en danger, notamment en cas d'incendie.

ART. 20. — Les officiers et maîtres de port sont soumis à l'autorité du ministre de la marine et placés sous les ordres immédiats des préfets maritimes, chef du service de la marine, commissaires de l'inscription maritime et directeurs des mouvements des ports, pour tout ce qui touche la conservation des bâtiments de l'Etat, la liberté de leurs mouvements, l'arrivée, le départ ou le séjour dans les ports de tous les objets d'approvisionnement ou d'armement destinés à la marine militaire, et pour toutes les mesures concernant la police de la pêche ou de la navigation maritimes.

Ils sont tenus, en conséquence, de faire immédiatement à l'administration de la marine le rapport des événements de mer, des mouvements des bâtiments de guerre et de tous les faits parvenus à leur connaissance qui peuvent intéresser la marine militaire.

Dans les ports de commerce attenant aux grands ports militaires, ils sont tenus d'obtempérer aux ordres des officiers directeurs de ces ports, pour tout ce qui intéresse la marine de l'Etat.

ART. 21. — Les officiers et maîtres de port sont soumis à l'autorité du Ministre des Travaux publics, et placés sous les ordres immédiats des ingénieurs des ponts et chaussées du port en ce qui concerne la police des quais, la surveillance de l'éclairage des phares et fanaux, les mesures à observer pour la construction, la conservation et la manœuvre des ouvrages dépendant du port, les lieux d'extraction ou de dépôt du lest des navires.

Ils se conforment aux ordres des maires pour ce qui intéresse la salubrité et la petite voirie.

Dans tous les cas non spécifiés dans le présent article et dans celui qui précède, ils sont placés sous l'autorité immédiate du sous-préfet de l'arrondissement.

Décret du 13 Avril 1861

qui modifie celui du 25 mars 1852 sur la décentralisation administrative (Extrait).

ART. 2 — Les préfets statueront aussi, sans l'autorisation du Ministre de l'Agriculture, du Commerce et des Travaux publics, mais sur l'avis ou la proposition des ingénieurs en chef... 4° Etablissements de prises d'eau pour fontaines publiques dans les cours d'eau non navigables ni flottables, sous la réserve des droits des tiers ; 5° Répartition, entre l'industrie et l'agriculture, des eaux des cours d'eau non navigables ni flottables, de la manière prescrite par les anciens réglements ou les usages locaux.

Tableau D annexé au Décret du 25 Mars 1852

1° Autorisation, sur les cours d'eau navigables ou flottables, des prises d'eau faites au moyen de machines et qui, en égard au volume du cours d'eau, n'auraient pas pour effet d'en altérer sensiblement le régime ; — 2° Autorisation des établissements temporaires sur lesdits cours d'eau, alors même qu'ils n'auraient pour effet de modifier le régime ou le niveau des eaux ; fixation de la durée de la permission ; 3° Autorisation sur les cours d'eau non navigables ni flottables de tout établissement nouveau, tel que moulin, usine, barrage, prise d'eau d'irrigation, patouillet, bocard, lavoir à mines ; — 4° Régularisation de l'existence desdits établissements lorsqu'ils ne sont pas encore pourvus d'autorisation régulière, ou modification des réglements déjà existants; — 5° Etablissement de prises d'eau pour fontaines publiques, dans tous les cours d'eau non navigables ni flottables, sous la réserve des droits des tiers; 6° Dispositions pour assurer le curage et le bon entretien des cours d'eau non navigables ni flottables de la manière prescrite par les anciens réglements ou d'après les usages locaux; réunion, s'il y a lieu, des propriétaires intéressés en associations syndicales; — 7° Répartition, entre l'industrie et l'agriculture, des eaux des cours d'eau non navigables ni flottables, de la manière prescrite par les anciens réglements ou les usages locaux; — 8° Constitution en associations syndicales des propriétaires intéressés à l'exécution et à l'entretion des travaux d'endiguement contre la mer, les fleuves, rivières et torrents navigables ou non navigables, de canaux d'arrosage ou de canaux de dessèchement, lorsque ces propriétaires sont d'accord pour l'exécution desdits travaux et la répartition des dépenses; 9° Autorisation et établissement des débarcadères sur les bords des fleuves et rivières pour le service de la navigation; fixation des tarifs et des conditions d'exploitation de ces débarcadères; — 10° Approbation de la liquidation des plus-values ou des moins-values en fin de bail du matériel des bacs affermés au profit de l'État; 11° Autorisation et établissement des bateaux particuliers; — 12° Fixation de la durée des enquêtes à ouvrir, dans les formes déterminées par l'ordonnance du 10 février 1834, lorsque ces enquêtes auront été autorisées en principe par le Ministre, et sauf le cas où les enquêtes doivent être ouvertes dans plusieurs départements sur un même projet; — 13° Approbation des adjudications autorisées par le Ministre, pour les travaux imputables sur les fonds du Trésor ou des départements, dans tous les cas où les soumissions ne renferment aucune clause extraconditionnelle, et où il n'aurait été présenté aucune réclamation ou protestation; — 14° Approbation des prix supplémentaires pour des parties d'ouvrages non prévues aux devis, dans le cas où il ne doit résulter de l'exécution de ces ouvrages aucune augmentation dans la dépense; — 15° Approbation, dans la limite des crédits ouverts, des dépenses dont la nomenclature suit : — *a).* Acquisition de terrains, d'immeubles, etc., dont le prix ne dépasse pas vingt-cinq mille francs; — *b).* Indemnités mobilières; — *c).* Indemnités pour dommage; — *d).* Frais accessoires aux acquisitions d'immeubles, aux indemnités mobilières et aux dommages ci-dessus désignés; — *e).* Loyers de magasins, terrains, etc.; — *f.).* Secours aux ouvriers réformés, blessés, etc., dans les limites déterminées par les instructions; — 16° Approbation de la répartition rectifiée des fonds d'entretien et des décomptes définitifs des entreprises, quand il n'y a pas d'augmentation sur les dépenses autorisées; — 17° Autorisation de la main levée des hypothèques prises sur les biens des adjudicataires ou de leurs cautions et du remboursement des cautionnements après la réception définitive des travaux; autorisation de la remise à l'Administration des domaines des terrains devenus inutiles au service.

Loi du 21 Juin 1865

sur les Associations Syndicales

Article premier *(L. du 22 décembre 1888).* — Peuvent être l'objet d'une association syndicale, entre propriétaires intéressés, l'exécution et l'entretien des travaux : — 1° De défense contre la mer, les fleuves, les torrents et rivières navigables ou non navigables, « *(L. 13 décembre 1902)* les incendies dans les forêts, landes boisées et landes nues »; — 2° De curage, approfondissement, redressement et régularisation des canaux et cours d'eau non navigables ni flottables et des canaux de dessèchement et d'irrigation ; — 3° De dessèchement des marais ; — 4° Des étiers et ouvrages nécessaires à l'exploitation des marais salants ; — 5° D'assainissement des terres humides et insalubres ; — 6° D'assainissement dans les villes et faubourgs, bourgs, villages et hameaux ; — 7° D'ouverture, d'élargissement, de prolongement et de pavage de voies publiques, et de toute autre amélioration ayant un caractère d'intérêt public, dans les villes et faubourgs, bourgs, villages ou hameaux ; — 8° D'irrigation et de colmatage ; — 9° De drainage ; — 10° De chemins d'exploitation et de toute autre amélioration agricole d'intérêt collectif.

Art. 2. — Les associations syndicales sont libres ou autorisées.

Art. 3. — Elles peuvent ester en justice par leurs syndics, acquérir, vendre, échanger, transiger, emprunter et hypothéquer.

Art. 4. — L'adhésion à une association syndicale est valablement donnée par les tuteurs, par les envoyés en possession provisoire et par tout représentant légal pour les biens des mineurs, des interdits, des absents et autres incapables, après autorisation du tribunal de la situation des biens, donnée sur simple requête en la chambre du Conseil, le ministère public entendu. Cette disposition est applicable aux immeubles dotaux et aux majorats. — *(L. 22 décembre 1888)*. Pourront adhérer à une association syndicale les préfets pour les biens des départements, s'ils y sont autorisés par délibération du Conseil général ; les maires ou administrateurs pour les biens des communes ou des établissements publics, s'ils y sont autorisés par délibération du Conseil municipal ou du Conseil d'administration ; pour les biens de l'Etat, le Ministre des finances.

TITRE II. — DES ASSOCIATIONS SYNDICALES LIBRES

Art. 5. — Les associations syndicales libres se forment sans l'intervention de l'Administration. — Le consentement unanime des associés doit être constaté par écrit. — L'acte d'association spécifie le but de l'entreprise ; il règle le mode d'administration de la société et fixe les limites du mandat confié aux administrateurs ou syndics ; il détermine les voies et moyens nécessaires pour subvenir à la dépense, ainsi que le mode de recouvrement des cotisations.

1. Il n'est pas nécessaire, pour la formation d'une association syndicale libre, que tous les propriétaires ayant des intérêts semblables y adhèrent ; il suffit que le consentement unanime de ceux qui se syndiquent soit constaté par écrit et publié conformément à la loi. — Req. 8 nov. 1898.

2. Les associations syndicales libres n'ayant aucun caractère administratif, les tribunaux civils sont *compétents*, notamment pour apprécier les dommages causés à des particuliers par l'exécution des travaux et pour en ordonner, le cas échéant, la destruction. — Rep. 11 déc. 1860.

3. Dès lors, c'est devant les tribunaux que doivent être portées les contestations qui s'élèvent entre les membres de la société, ou entre la société et les tiers. — Req. 25 août 1835.

Art. 6. — Un extrait de l'acte d'association devra, dans le délai d'un mois à partir de sa date, être publié dans un journal d'annonces légales de l'arrondissement, ou, s'il n'en existe aucun, dans l'un des journaux du département. Il sera, en outre, transmis au préfet et inséré dans le recueil des actes de la préfecture.

Art. 7. — A défaut de publication dans un journal d'annonces légales, l'association ne jouira pas du bénéfice de l'article 3. L'omission de cette formalité ne peut être opposée aux tiers par les associés.

Art. 8. — Les associations syndicales libres peuvent être converties en associations autorisées par arrêté préfectoral, en vertu d'une délibération prise par l'assemblée l'assemblée générale, conformément à l'article 12 ci-après, sauf les dispositions contraires qui pourraient résulter de l'acte d'association. — Elles jouissent, dès lors, des avantages accordés à ces associations par les articles 15, 16, 17, 18 et 19.

TITRE III. — DES ASSOCIATIONS SYNDICALES AUTORISÉES

Art. 9 *(L. 22 décembre 1888)*. — Les propriétaires intéressés aux travaux spécifiés dans les six premiers numéros de l'article 1er pourront être réunis par un arrêté préfectoral en associations syndicales autorisées, soit sur la demande d'un ou de plusieurs d'entre eux, soit sur l'initiative du maire ou du préfet. — Les propriétaires intéressés aux travaux compris par les nos 7, 8, 9 et 10 du même article pourront être réunis dans les mêmes conditions en associations syndicales autorisées, lorsque ces travaux auront été reconnus d'utilité publique par un décret rendu en Conseil d'Etat. — Dans les cas prévus par les nos 6, 7, 8, 9 et 10, aucun travail ne pourra être entrepris que sur l'autorisation du préfet. Cette autorisation ne pourra être donnée qu'après paiement préalable des indemnités de délaissement et d'expropriation, et que si les membres de l'association syndicale autorisée ont garanti le payement des travaux, des fournitures et des indemnités pour dommage, au moyen de sûretés acceptées par les parties intéressées ou déterminées, en cas de désaccord, par le tribunal civil. — En cas d'insolvabilité de l'association syndicale, les tiers qui ont éprouvé un dommage par suite de l'exécution des travaux ont un recours contre la commune, contre le département ou contre l'Etat, si la commune, le département ou l'Etat est intéressé aux travaux et en a profité.

Art. 10. — Le préfet soumet à une enquête administrative, dont les formes seront déterminées par un règlement d'administration publique, les plans, avant-projets et devis des travaux, ainsi que le projet d'association. — Le plan indique le périmètre des terrains intéressés et est accompagné de l'état des propriétaires de chaque parcelle. — Le projet d'association spécifie le but de l'entreprise et détermine les voies et moyens nécessaires pour subvenir à la dépense.

Art. 11. — Après l'enquête, les propriétaires qui sont présumés devoir profiter des travaux sont convoqués en assemblée générale par le préfet, qui en nomme le président, sans être tenu de le choisir parmi les membres de l'assemblée. — Un procès-verbal constate la présence des intéressés et le résultat de la délibération. Il est signé par les membres présents et mentionne l'adhésion de ceux qui ne savent pas signer. — L'acte contenant le consentement par écrit de ceux qui l'ont envoyé en cette forme est mentionné dans le procès-verbal et y reste annexé. — Le procès-verbal est transmis au préfet. — *(L. du 22 décembre 1888)*. Dans le cas où la commune ne figure pas parmi les propriétaires présumés intéressés, le maire, sur l'initiative de qui l'association syndicale a été constituée, a néanmoins entrée à l'assemblée générale, mais avec voix consultative seulement. Le même droit appartient au préfet qui a pris l'initiative, si l'Etat ou le département ne figure pas parmi les propriétaires présumés intéressés. Le préfet et le maire peuvent se faire représenter à l'assemblée générale.

Art. 12 *(L. 22 décembre 1888)*. — Pour les travaux spécifiés aux n°s 1, 2, 3, 4 et 5 de l'article 1er, si la majorité des intéressés, représentant au moins les deux tiers de la superficie des terrains, ou les deux tiers des intéressés, représentant plus de la moitié de la superficie, ont donné leur adhésion, le préfet autorise, s'il y a lieu, l'association. — Pour les travaux spécifiés aux n°s 6, 7, 8, 9 et 10 du même article, le préfet ne pourra autoriser l'association qu'au cas d'adhésion des trois quarts des intéressés représentant plus des deux tiers de la superficie et payant plus des deux tiers de l'impôt foncier afférent aux immeubles, ou des deux tiers des intéressés représentant plus des trois quarts de la superficie et payant plus des trois quarts de l'impôt foncier afférant aux immeubles. Un extrait de l'acte des associations et l'arrêté du préfet, en cas d'autorisation, et, en cas de refus, les arrêtés du préfet sont affichés dans les communes de la situation des lieux et insérés dans le recueil des actes de la préfecture. — Pour les travaux spécifiés dans les paragraphes 6 et 7 de l'article 1er, l'autorisation du préfet devra être précédée d'un avis conforme du Conseil municipal, si les travaux intéressent la commune ; du Conseil général, si les travaux intéressent le département ; et de ces deux assemblées, si les travaux intéressent à la fois la commune et le département.

Art. 13. — Les propriétaires intéressés et les tiers peuvent déférer cet arrêté au Ministre des Travaux publics dans le délai d'un mois, à partir de l'affiche. — Le recours est déposé à la préfecture et transmis, avec le dossier, au Ministre, dans le délai de de quinze jours. — Il est statué par un décret rendu en Conseil d'Etat.

L'article 13 de la loi du 21 juin 1865, en ouvrant un recours spécial par la voie administrative contre les arrêtés préfectoraux organisant des associations syndicales autorisées, n'a pas enlevé aux intéressés le droit de déférer ces arrêtés au Conseil d'Etat par la voie du recours pour excès de pouvoir. — Cons. d'Et. 28 juin 1901.

Art. 14. *(L. 22 décembre 1888)*. — S'il s'agit des travaux spécifiés aux n°s 3, 4, 5, 6, 7, 8, 9 et 10 de l'article 1er, les propriétaires qui n'auront pas adhéré au projet d'association pourront, dans le délai d'un mois ci-dessus déterminé, déclarer à la préfecture qu'ils entendent délaisser, moyennant indemnité, les terrains leur appartenant et compris dans le périmètre. Il leur sera donné récépissé de la déclaration. L'indemnité à la charge de l'association sera fixée conformément à la loi du 3 mai 1841 pour les travaux spécifiés aux n°s 6 et 7 de l'article 1er, et conformément à l'article 16 de la loi du 21 mai 1836 pour les travaux énumérés aux n°s 4, 5, 8, 9 et 10. — Si des biens de mineurs, d'interdits, d'absents ou autres incapables sont compris dans le périmètre, les tuteurs, ceux qui ont été envoyés en possession et tous représentants des incapables peuvent, après autorisation du tribunal donnée sur requête en chambre du Conseil, le ministère public entendu, déclarer qu'ils entendent délaisser lesdits biens. — Le tribunal ordonne les mesures de conservation. Ces dispositions sont applicables aux immeubles dotaux. Les préfets pourront, dans le même cas, délaisser les biens des départements, s'ils y sont autorisés par délibération du Conseil général ; les maires ou administrateurs pourront délaisser les biens des communes et des établissements publics, s'ils y sont autorisés par délibération du Conseil municipal ou du Conseil d'administration ; le Ministre des finances peut délaisser les biens de l'Etat.

Art. 15. — Les taxes ou cotisations sont recouvrées sur des rôles dressés par le syndicat chargé de l'administration de l'association, approuvées, s'il y a lieu, et rendus exécutoires par le préfet. — Le recouvrement est fait comme en matière de contributions directes.

Art. 16. — Les contestations relatives à la fixation du périmètre des terrains compris dans l'association, à la division des terrains en différentes classes, au classement des propriétés en raison de leur intérêt aux travaux, à la répartition et à la perception des taxes, à l'exécution des travaux, sont jugées par le Conseil de préfecture, sauf recours au Conseil d'Etat. — Il est procédé à l'apurement des comptes de l'association selon les règles établies pour les comptes des receveurs municipaux.

Art. 17. — Nul propriétaire compris dans l'association ne pourra, après le délai de quatre mois, à partir de la notification du premier rôle des taxes, contester sa qualité d'associé ou la validité de l'association.

Un membre d'une association syndicale autorisée à laquelle est applicable l'art. 17 de la loi du 21 juin 1865 peut, pendant le délai de quatre mois à partir de la notification qui lui est faite du premier rôle des taxes, contester devant le Conseil de préfecture la validité de l'association. — Cons. d'Et. 27 mai 1898.

Art. 18. (*L. 22 décembre 1888*). — Dans le cas où l'exécution des travaux entrepris par une association syndicale autorisée exige l'expropriation de terrains, il y est procédé conformément aux dispositions de la loi du 3 mai 1841, s'il s'agit de travaux spécifiés dans les nos 6 et 7 de l'article 1er de la loi du 21 juin 1865, et conformément aux dispositions de la loi du 21 mai 1836, après déclaration d'utilité publique, par décret rendu en Conseil d'Etat, s'il s'agit d'autres travaux.

Art. 19. — Lorsqu'il y a lieu à l'établissement de servitudes, conformément aux lois, au profit d'associations syndicales, les contestations sont jugées suivant les dispositions de l'article 5 de la loi du 10 juin 1854.

TITRE IV. — DE LA REPRÉSENTATION DE LA PROPRIÉTÉ DANS LES ASSEMBLÉES GÉNÉRALES ET DES SYNDICS

Art. 20. — L'acte constitutif de chaque association fixe le minimum d'intérêt qui donne droit à chaque propriétaire de faire partie de l'assemblée générale. — Les propriétaires de parcelles inférieures au minimum fixé peuvent se réunir pour se faire représenter à l'assemblée générale par un ou plusieurs d'entre eux, en nombre égal au nombre de fois que le minimum d'intérêt se trouve compris dans leurs parcelles réunies. — L'acte d'association détermine le maximum des voix attribué à un même propriétaire, ainsi que le nombre de voix attaché à chaque usine, d'après son importance, et le maximum de voix attribué aux usiniers réunis.

Art. 21. — Le nombre des syndics, leur répartition, s'il y a lieu, entre diverses catégories d'intéressés et la durée de leurs fonctions seront déterminés par l'acte constitutif de l'association.

Art. 22. — Les syndics sont élus par l'assemblée générale parmi les intéressés. — Lorsque les syndics doivent être pris dans diverses catégories, la liste d'éligibilité est divisée en sections correspondant à ces diverses catégories. — Les syndics seront nommés par le préfet dans le cas où l'assemblée générale, après deux convocations, ne se serait pas réunie ou n'aurait pas procédé à l'élection des syndics.

Art. 23. *(L. 22 décembre 1888).* — Lorsque, sur la demande du syndicat, il lui est accordé une subvention par l'Etat, par le département, par une commune ou par une Chambre de commerce, cette subvention donne droit à la nomination, suivant les cas, par le préfet, par la Commission départementale, par le Conseil municipal ou par la Chambre de commerce, d'un nombre de syndics proportionné à la part que la subvention représente dans l'ensemble de l'entreprise.

Art. 24. — Les syndics élisent l'un d'eux pour remplir les fonctions de directeur, et, s'il y a lieu, un adjoint qui remplace le directeur en cas d'absence ou d'empêchement. Le directeur et l'adjoint sont toujours rééligibles.

TITRE V. — DISPOSITIONS GÉNÉRALES

Art. 25. — A défaut, par une association, d'entreprendre les travaux en vue desquels elle aura été autorisée, le préfet rapportera, s'il y a lieu et après mise en demeure, l'arrêté d'autorisation. — Il sera statué par un décret rendu en Conseil d'État, si l'autorisation a été accordée en cette forme. Dans le cas où l'interruption ou le défaut d'entretien des travaux entrepris par une association pourrait avoir des conséquences nuisibles à l'intérêt public, le préfet, après mise en demeure, pourra faire procéder d'office à l'exécution des travaux nécessaires pour obvier à ces conséquences.

Art. 26. — La loi du 16 septembre 1807 *et celle du 14 floréal, an XI* (V. L. 8 avril 1898, art. 18 à 29) continueront à recevoir leur exécution, à défaut de formation d'associations libres ou autorisées, lorsqu'il s'agira de travaux spécifiés aux numéros 1, 2 et 3 de l'article 1er de la présente loi. — Toutefois, il sera statué, à l'avenir, par le Conseil de préfecture, sur les contestations qui, d'après la loi du 16 septembre 1807, devaient être jugées par une commission spéciale. — En ce qui concerne la perception des taxes, l'expropriation et l'établissement de servitudes, il sera procédé conformément aux articles 15, 16, 18 et 19 de la présente loi.

Art. 27. *(L. 22 décembre 1888).* — Un règlement d'administration publique déterminera les dispositions nécessaires pour l'exécution de la loi.

Arrêté des Ministres des Travaux Publics et des Finances du 3 Août 1878

Concernant les occupations temporaires du domaine public maritime et de ses dépendances (Extrait)

Article premier. — Les autorisations d'occuper temporairement, sur les rivages de la mer, les ports, havres et rades et toutes autres dépendances du domaine public maritime, des emplacements qui peuvent, sans inconvénient, être soustraits momentanément à l'usage de tous, pour être affectés à un usage privatif ou privilégié, sont accordées par le département des travaux publics, lorsque ces autorisations n'ont pas pour objet l'exploitation d'établissements de pêche régis par le décret-loi du 9 janvier 1852 et l'arrêté réglementaire du 12 mai 1876.

Art. 2. — Les redevances perçues au profit du Trésor, à raison de ces occupations temporaires, sont fixées par l'administration des finances.

Art. 13. — L'autorisation peut être révoquée, soit à la demande du directeur des domaines, en cas d'inexécution des conditions financières, soit à la demande de l'ingénieur en chef du service maritime, en cas d'inexécution des autres conditions, sans préjudice, s'il y a lieu, des poursuites pour délits de grande voirie.

A partir du jour où la révocation a été notifiée à la partie, la redevance cesse de courir, mais la portion de cette redevance afférente au temps écoulé devient immédiatement exigible. Quant au permissionnaire, il ne peut renoncer au bénéfice de la concession avant l'époque fixée pour la révision des conditions financières.

Arrêté des Ministres des Travaux Publics et des Finances du 8 Août 1878

Concernant les occupations temporaires du domaine public fluvial ou terrestre (Extrait).

Article premier. — Les autorisations d'occuper temporairement sur les routes, rivières et canaux, et toutes autres dépendances du domaine public fluvial et terrestre, des emplacements qui peuvent sans inconvénient être soustraits momentanément à l'usage de tous, pour être affectés à un usage privatif ou privilégié, sont accordées par le département des travaux publics.

Art. 2. — (Comme l'art. 2 de l'arrêté ci-dessus).

Art. 3. — (Comme l'art. 13 de l'arrêté ci-dessus).

Loi du 5 Août 1879

Relative au classement et à l'amélioration des voies navigables (Extrait)

Article premier. — Les voies navigables du territoire sont, suivant la nature et l'importance des besoins qu'elles desservent, divisées en deux classes :

1° Les lignes principales ;

2° Les lignes secondaires.

Les premières sont administrées par l'Etat. Les autres peuvent être concédées avec ou sans subvention, pour un temps limité, à des associations ou à des particuliers.

Art. 2. — Les lignes principales doivent avoir au minimum les dimensions suivantes :

Profondeur d'eau : 2 mètres ;

Largeur des écluses : 5 mètres 20 ;

Longueur des écluses, entre la corde du mur de chute et l'enclave des portes d'aval : 38 mètres 50 ;

Hauteur libre sous les ponts (canaux) : 3 mètres 70.

Il ne peut être dérogé à cette règle que par mesure législative.

Art. 4. — Les rivières et canaux navigables non classés parmi les lignes principales sont considérés comme secondaires. Ils ne sont point assujettis aux règles posées par l'art. 2.

Circulaire du Ministre des Travaux Publics du 28 Octobre 1895

Relative à la fixation des limites des ports du côté de la mer (Extrait)

Dans tous les cas où il s'agit de déterminer les eaux d'un port et de les distinguer de celles de la mer proprement dite, il est constitué, sous la présidence de l'ingénieur en chef du port, une commission de délimitation qui comprend le directeur des douanes, le commissaire de l'inscription maritime et l'ingénieur ordinaire du port.

Lorsque l'accord n'a pu s'établir entre les conférents, il en est référé à l'administration supérieure.

Loi du 24 Décembre 1896

Sur l'Inscription maritime (Extrait)

TITRE Ier. — DISPOSITIONS GÉNÉRALES

Article premier. — Sont compris dans l'inscription maritime, les Français et les naturalisés Français qui exercent la navigation à titre professionnel, c'est-à-dire comme moyen d'existence, soit sur la mer, soit dans les ports ou dans les rades, soit sur les étangs ou canaux salés compris dans le domaine public maritime, soit dans les fleuves, rivières et canaux, jusqu'au point où remonte la marée et, pour ceux où il n'y a pas de marée, jusqu'à l'endroit où les bâtiments de mer peuvent remonter.

Loi du 8 Avril 1898

Sur le Régime des eaux

TITRE Ier. — EAUX FLUVIALES ET SOURCES

Article premier. — Les articles 641, 642 et 643 du Code civil sont remplacés par les dispositions suivantes :

Tout propriétaire a le droit d'user et de disposer des eaux pluviales qui tombent sur son fonds.

Si l'usage de ces eaux ou la direction qui leur est donnée aggrave la servitude naturelle d'écoulement établie par l'article 640 du Code civil, une indemnité est due au propriétaire du fonds inférieur.

La même disposition est applicable aux eaux de sources nées sur un fonds.

Lorsque, par des sondages ou des travaux souterrains, un propriétaire fait surgir des eaux dans son fonds, les propriétaires des fonds inférieurs doivent les recevoir; mais ils ont droit à une indemnité en cas de dommages résultant de leur écoulement.

Les maisons, cours, jardins, parcs et enclos attenant aux habitations ne peuvent être assujettis à aucune aggravation de la servitude d'écoulement dans les cas prévus dans les paragraphes précédents.

Les contestations auxquelles peuvent donner lieu l'établissement et l'exercice des servitudes prévues par ces paragraphes, et le réglement, s'il y a lieu, des indemnités dues aux propriétaires des fonds inférieurs, sont portées, en premier ressort, devant le juge de paix du canton qui, en prononçant, doit concilier les intérêts de l'agriculture et de l'industrie avec le respect dû à la propriété.

S'il y a lieu à expertise, il peut n'être nommé qu'un seul expert. *(Art. 641 nouv. C. civil).*

Celui qui a une source dans son fonds peut toujours user des eaux à sa volonté dans les limites et pour les besoins de son héritage.

Le propriétaire d'une source ne peut plus en user au préjudice des propriétaires des fonds inférieurs qui, depuis plus de trente ans, ont fait et terminé, sur le fonds où jaillit la source, des ouvrages apparents et permanents destinés à utiliser les eaux ou à en faciliter le passage dans leur propriété.

Il ne peut pas non plus en user de manière à enlever aux habitants d'une commune, village ou hameau, l'eau qui leur est nécessaire; mais si les habitants n'en ont pas acquis ou prescrit l'usage, le propriétaire peut réclamer une indemnité, laquelle est réglée par experts *(Art. 642 nouv. C. civil).*

Si, dès la sortie du fonds où elles surgissent, les eaux de source forment un cours d'eau offrant le caractère d'eaux publiques et courantes, le propriétaire ne peut les détourner de leur cours naturel au préjudice des usagers inférieurs *(Art. 643 nouv. C. civil).*

TITRE II, — COURS D'EAU NON NAVIGABLES ET NON FLOTTABLES

CHAPITRE Ier. — DES DROITS DES RIVERAINS

Art. 2. — Les riverains n'ont le droit d'user de l'eau courante qui borde ou qui traverse leurs héritages que dans les limites déterminées par la loi. Ils sont tenus de se conformer, dans l'exercice de ce droit, aux dispositions des réglements et des autorisations émanées de l'administration.

Art. 3. — Les lits des cours d'eau non navigables et non flottables appartient aux propriétaires des deux rives. — Si les deux rives appartiennent à des propriétaires différents, chacun d'eux a la propriété de la moitié du lit, suivant une ligne que l'on suppose tracée au milieu du cours d'eau, sauf titre ou prescription contraire. — Chaque riverain a le droit de prendre, dans la partie du lit qui lui appartient, tous les produits naturels et d'en extraire de la vase, du sable et des pierres, à la condition de ne pas modifier le régime des eaux et d'en exécuter le curage conformément aux règles établies par le chapitre III du présent titre. — Sont et demeurent réservés les droits acquis par les riverains ou autres intéressés sur les parties des cours d'eau qui servent de voie d'exploitation pour la desserte de leurs fonds.

Art. 4. — Lorsque le lit d'un cours d'eau est abandonné soit naturellement, soit par suite de travaux légalement exécutés, chaque riverain en reprend la libre disposition suivant les limites déterminées par l'article précédent.

Art. 5. — Lorsqu'un cours d'eau non navigable et non flottable abandonne naturellement son lit, les propriétaires des fonds sur lesquels le nouveau lit s'établit sont tenus de souffrir le passage des eaux sans indemnité; mais ils peuvent, dans l'année qui suit le changement de lit, prendre les mesures nécessaires pour rétablir l'ancien cours des eaux. — Les propriétaires riverains du lit abandonné jouissent de la même faculté et peuvent, dans l'année, poursuivre l'exécution des travaux nécessaires au rétablissement du cours primitif.

Art. 6. — Lorsque par suite de travaux légalement ordonnés, il y a lieu d'élargir le lit ou d'en ouvrir un nouveau, les propriétaires des terrains occupés ont droit à une indemnité à titre de servitude de passage. — Pour la fixation de cette indemnité, il sera tenu compte de la situation respective de chacun des riverains par rapport à l'axe du nouveau lit, la limite des héritages demeurant fixée conformément aux dispositions du paragraphe 2 de l'article 3 ci-dessus, à moins de stipulations contraires. — Les bâtiments, cours et jardins attenant aux habitations, sont exempts de la servitude de passage. — Les contestations auxquelles peuvent donner lieu l'application du paragraphe 2 du présent article et le règlement des indemnités sont jugées en premier ressort par le juge de paix du canton. — S'il y a lieu à expertise, il peut, dans tous les cas, n'être nommé qu'un seul expert.

Art. 7. — La propriété des alluvions, relais, atterrissements, îles et îlots, qui se forment dans les cours d'eau non navigables et non flottables, est et demeure régie par les dispositions des articles 556, 557, 559, 561 et 562 du Code civil.

CHAPITRE II. — POLICE ET CONSERVATION DES EAUX

Art. 8. — L'autorité administrative est chargée de la conservation et de la police des cours d'eau non navigables et non flottables.

Art. 9. — Des décrets rendus après enquête dans la forme des règlements d'administration publique fixent, s'il y a lieu, le régime général de ces cours d'eau de manière à concilier les intérêts de l'agriculture et de l'industrie avec le respect dû à la propriété et aux droits et usages antérieurement établis.

Art. 10. — Le propriétaire riverain d'un cours d'eau non navigable et non flottable ne peut exécuter des travaux au-dessus de ce cours d'eau ou le joignant qu'à la condition de ne pas préjudicier à l'écoulement et de ne causer aucun dommage aux propriétés voisines.

Art. 11. — Aucun barrage, aucun ouvrage destiné à l'établissement d'une prise d'eau d'un moulin ou d'une usine, ne peut être entrepris dans un cours d'eau non navigable et non flottable sans l'autorisation de l'administration.

Art. 12. — Les préfets statuent, après enquête, sur les demandes ayant pour objet : — 1° L'établissement d'ouvrages intéressant le régime ou le mode d'écoulement des eaux; — 2° La régularisation de l'existence des usines et ouvrages établis sans permission et n'ayant pas de titre légal; — 3° La révocation ou la modification des permissions précédemment accordées. — La forme de l'instruction qui doit précéder les arrêtés des préfets est déterminée par un règlement d'administration publique.

Art. 13. — S'il y a réclamation des parties intéressées contre l'arrêté du préfet, il est statué par un décret rendu sur l'avis du Conseil d'État, sans préjudice du recours contentieux en cas d'excès de pouvoir.

Art. 14. — Les permissions peuvent être révoquées ou modifiés sans indemnité, soit dans l'intérêt de la salubrité publique, soit pour prévenir ou faire cesser les inondations, soit enfin dans le cas de la réglementation générale prévue par l'article 9. — Dans tous les autres cas, elles ne peuvent être révoquées ou modifiés que moyennant indemnité.

Art. 15. — Les propriétaires ou fermiers de moulins et usines, même autorisés ou ayant une existence légale, sont garants des dommages causés aux chemins et aux propriétés.

Art. 16 — Les maires peuvent, sous l'autorité des préfets, prendre toutes les mesures nécessaires pour la police des cours d'eau.

Art. 17. — Dans tous les cas, les droits des tiers sont et demeurent réservés.

CHAPITRE III. — CURAGES, ÉLARGISSEMENTS ET REDRESSEMENTS

Art. 18. — Le curage comprend tous les travaux nécessaires pour rétablir un cours d'eau dans sa largeur et sa profondeur naturelles, sans préjudice de ce qui est réglé à l'égard des alluvions par les articles 556 et 557 du Code civil.

Art. 19. — Il est pourvu au curage des cours d'eau non navigables et non flottables et à l'entretien des ouvrages qui s'y rattachent de la manière prescrite par les anciens règlements ou d'après les usages locaux. Les préfets sont chargés, sous l'autorité du ministre compétent, de prendre les dispositions nécessaires pour l'exécution de ces règlements et usages.

Art. 20. — A défaut d'anciens règlements ou usages locaux, ou si l'application des règlements et l'exécution du mode de curage consacré par l'usage présentent des difficultés, ou bien encore si les changements survenus exigent des dispositions nouvelles, il est procédé en conformité de la loi des 21 juin 1865, 22 décembre 1888 sur les associations syndicales.

Art. 21. — Dans le cas où les tentatives faites en vue d'arriver à la constitution d'une association syndicale libre ou autorisée n'aboutiraient pas, il est statué par un décret délibéré en Conseil d'Etat ; chaque décret est précédé d'une enquête et d'une instruction dont les formes sont déterminées par un règlement d'administration publique *(V. Déc. 14 nov. 1899)*.

Art. 22. — Le décret règle le mode d'exécution des travaux, détermine la zone dans laquelle les propriétaires intéressés, riverains ou non riverains et usiniers peuvent être appelés à y contribuer, et arrête, s'il y a lieu, les bases générales de la répartition de la dépense d'après le degré d'intérêt de chacun à l'exécution des travaux. (V. *Déc. 14 nov. 1899.)*

Art. 23. — Dans tous les cas, les rôles de répartition des sommes nécessaires au payement des travaux de curage ou d'entretien des ouvrages sont dressés sous la surveillance du préfet et rendus exécutoires par lui. — Le recouvrement est fait dans les mêmes formes et avec les mêmes garanties qu'en matière de contributions directes. — Le privilège ainsi créé prendra rang immédiatement après celui du Trésor public.

Art. 24. — Toutes les contestations relatives à l'exécution des travaux à la répartition de la dépense et aux demandes en réduction ou décharge formées par les imposés sont portées devant le conseil de préfecture, sauf recours au Conseil d'État.

Art. 25. — Les travaux d'élargissement, de régularisation et de redressement des cours d'eau non navigables et non flottables, qui seront jugés nécessaires pour compléter les travaux de curage, sont assimilés à ces derniers, et leur exécution est poursuivie en vertu des articles précédents.

Art. 26. — S'il s'agit de terrains exceptés de la servitude de passage et si, à défaut d'accord, il est nécessaire de recourir à l'expropriation, il est procédé à cette expropriation et au règlement des indemnités conformément aux dispositions combinées de la loi du 3 mai 1841 et des paragraphes 2 et suivants de l'article 16 de la loi du 21 mai 1836.

Art. 27. — Pendant la durée des travaux, les propriétaires sont tenus de laisser passer sur leurs terrains les fonctionnaires et agents chargés de la surveillance, ainsi que les entrepreneurs et ouvriers. — Ce droit devra s'exercer, autant que possible, en suivant la rive cours d'eau.

Art. 28 — Si les travaux de curage, d'élargissement, de régularisation et de redressement intéressent la salubrité publique, le décret ou l'arrêté qui les ordonne peut, après avis du conseil général et des conseils municipaux intéressés, mettre une partie de la dépense à la charge des communes dont le territoire est assaini. — Dans ce cas, le décret ou l'arrêté détermine quelles sont les communes intéressées et fixe la part que chacune d'elles doit supporter dans la dépense.

Art. 29. — La loi du 14 floréal, an XI, est abrogée.

TITRE III. — DES RIVIÈRES FLOTTABLES A BUCHES PERDUES

Art. 30. — Les rivières et cours d'eau flottables à bûches perdues sont soumises aux dispositions contenues dans le titre précédent et aux dispositions spéciales suivantes.

Art. 31. — Le flottage à bûches perdues ne peut être établi sur les cours d'eau où il n'existe pas actuellement que par un décret rendu après enquête et avis des conseils généraux des départements traversés par ces cours d'eau. Ce décret sera inséré au *Bulletin des lois*. — Le décret détermine les servitudes nécessaires pour l'exercice du flottage et règle les obligations respectives des propriétaires riverains, des usiniers et des flotteurs.

Art. 32. — L'indemnité due à raison de ces servitudes est fixée en premier ressort par le juge de paix du canton. — Il est tenu compte, dans le règlement de cette indemnité, des avantages qui peuvent résulter de l'établissement du flottage.

Art. 33. — Sont maintenus, tant qu'ils n'auront pas été revisés conformément aux dispositions des articles 31 et 32 ci-dessus, tous les règlements spéciaux relatifs aux rivières et cours d'eau sur lesquels se pratique le flottage à bûches perdues.

TITRE IV. — DES FLEUVES ET RIVIÈRES NAVIGABLES OU FLOTTABLES

CHAPITRE PREMIER. — DES DROITS DU DOMAINE ET DES RIVERAINS

Art. 34. — Les fleuves et les rivières navigables ou flottables avec bateaux, trains ou radeaux, font partie du domaine public depuis le point où ils commencent à être navigables ou flottables jusqu'à leur embouchure. — Font également partie du domaine public : — 1° Les bras même non navigables et non flottables, lorsqu'ils prennent naissance au-dessous du point où les fleuves et rivières commencent à être navigables ou flottables ; — 2° Les noues et boires qui tirent leurs eaux des mêmes fleuves et rivières.

Art. 35. — Les dérivations ou prises d'eau artificielles établies dans des propriétés particulières ne font pas partie du domaine public, à moins qu'elles n'aient été pratiquées par l'Etat, dans l'intérêt de la navigation ou du flottage. — Ces dérivations sont régies par les dispositions des actes qui les ont autorisées.

Art. 36. — Des arrêtés préfectoraux rendus après enquête, sous l'approbation du ministre des travaux publics, fixeront les limites des fleuves et rivières navigables et flottables, ces limites étant déterminées par la hauteur des eaux coulant à pleins bords avant de déborder. — Les arrêtés de délimitation pourront être l'objet d'un recours contentieux. Ils seront toujours pris sous la réserve des droits de propriété.

Art. 37. — L'article 563 du Code civil est abrogé et remplacé par les dispositions suivantes : ... (V. *le texte au C. civ.*).

Art. 38. — Lorsque, à la suite de travaux légalement exécutés, des portions de l'ancien lit cesseront de faire partie du domaine public, les propriétaires riverains pourront exercer le droit de préemption conformément à l'article 37 qui précède.

Art. 39. — La propriété des alluvions, relais, atterrissements, îles et îlots qui se forment naturellement dans les fleuves et rivières faisant partie du domaine public, est et demeure réglée par les dispositions des articles 556, 557, 560 et 562 du Code civil.

CHAPITRE II. — DES CONCESSIONS ET AUTORISATIONS

Art. 40. — Aucun travail ne peut être exécuté et aucune prise d'eau ne peut être pratiquée dans les fleuves et rivières navigables ou flottables sans autorisation de l'administration.

Art. 41. — Les préfets statuent, après enquête et sur l'avis des ingénieurs, et sauf recours au ministre, sur les demandes ayant pour objet de faire des prises d'eau au moyen de machines, lorsqu'il est constaté que, en égard au volume des cours d'eau, elles n'auront pas pour effet d'en altérer le régime.

Art. 42. — Ils statuent également, sur l'avis des ingénieurs, sauf recours au ministre, sur les demandes en autorisation d'établissements temporaires sur les cours d'eau navigables ou flottables, alors même que ces établissements auraient pour effet de modifier le régime ou le niveau des eaux. — Ils fixent, dans ce cas, la durée de l'autorisation, qui ne devra jamais dépasser deux ans.

Art. 43. — Toutes autres autorisations ne peuvent être accordées que par décrets rendus, après enquête, sur l'avis du Conseil d'Etat.

Art. 44. — Les concessionnaires sont assujettis à payer une redevance à l'Etat, d'après les bases qui seront fixées par un règlement d'administration publique. *(Décret 13 juillet 1906.)*

Art. 45. — Les prises d'eau et autres établissements créés sur les cours d'eau navigables ou flottables, même avec autorisation, peuvent toujours être modifiés ou supprimés. Une indemnité n'est due que lorsque les prises d'eau ou établissements, dont la modification ou la suppression est ordonnée, ont une existence légale. — Toutefois, aucune suppression ou modification ne pourra être prononcée que suivant les formes et avec les garanties établies par les articles précédents.

CHAPITRE III. — DES SERVITUDES

Art. 46. — Les propriétaires riverains des fleuves et rivières navigables ou flottables sont tenus, dans l'intérêt du service de la navigation et partout où il existe un chemin de halage, de laisser, le long des bords desdits fleuves et rivières, ainsi que sur les îles où il en est besoin, un espace libre de sept mètres quatre-vingts de largeur. — Ils ne peuvent planter d'arbres ni se clore par haies ou autrement qu'à une distance de neuf mètres soixante-quinze du côté où les bateaux se tirent et de trois mètres vingt-cinq sur le bord où il n'existe pas de chemin de halage.

Art. 47. — Lorsque l'intérêt du service de la navigation le permettra, les distances fixées par l'article précédent seront réduites par un arrêté ministériel.

Art. 48. — Les propriétaires riverains qui veulent faire des constructions, plantations ou clôtures le long des fleuves ou rivières navigables ou flottables peuvent, au préalable, demander à l'administration de reconnaître la limite de la servitude. — Si, dans les trois mois à compter de la demande, l'administration n'a pas fixé la limite, les constructions, plantations ou clôtures faites par les riverains ne peuvent plus être supprimées que moyennant indemnité.

Art. 49. — Lorsqu'une rivière ou partie de rivière est rendue navigable ou flottable et que ce fait a été déclaré par un décret, les propriétaires riverains sont soumis aux servitudes établies par l'article 46 ; mais il leur est dû une indemnité proportionnée au dommage qu'ils éprouvent, en tenant compte des avantages que l'établissement de la navigation ou du flottage peut leur procurer. — Les propriétaires riverains d'une rivière navigable ou flottable auront également droit à indemnité lorsque, pour les besoins de la navigation, la servitude de halage sera établie sur une rive où cette servitude n'existait pas.

Art. 50. — Les contestations relatives à l'indemnité due aux propriétaires, à raison de l'établissement de la servitude de halage, sont jugées en premier ressort par le juge de paix du canton. — S'il y a expertise, il peut n'être nommé qu'un seul expert.

Art. 51. — Dans le cas où l'administration juge que la servitude de halage est insuffisante et veut établir le long du fleuve ou de la rivière un chemin dans des conditions constantes de viabilité, elle doit, à défaut du consentement exprès des riverains, acquérir le terrain nécessaire à l'établissement du chemin, en se conformant aux lois sur l'expropriation pour cause d'utilité publique.

Art. 52. — Il est interdit d'extraire, sans autorisation spéciale, des terres, sables et autres matières à une distance moindre de onze mètres soixante-dix de la limite des fleuves et rivières navigables ou flottables.

Art. 53. — Le curage des cours d'eau navigables ou flottables et de leurs dépendances faisant partie du domaine public est à la charge de l'Etat; néanmoins, un règlement d'administration publique peut, les parties intéressées entendues appeler à contribuer au curage les communes, les usiniers, les concessionnaires des prises d'eau et les propriétaires voisins qui, par l'usage exceptionnel et spécial qu'ils font des eaux, rendent les frais du curage plus considérables.

Loi du 21 Juin 1898

Sur le Code rural (Extrait)

CHAPITRE II. — DE LA SALUBRITÉ PUBLIQUE

SECTION PREMIÈRE. — POLICE SANITAIRE

Art. 21. — Les maires surveillent, au point de vue de la salubrité, l'état des ruisseaux, rivières, étangs, mares ou amas d'eau. Les questions relatives à la police des eaux restent réglées par les dispositions des titres II et V du livre II du Code rural sur le régime des eaux.

Art. 22. — Le maire doit ordonner les mesures nécessaires pour assurer l'assainissement et, s'il y a lieu, après avis du Conseil municipal, la suppression des mares communales placées dans l'intérieur des villages ou dans le voisinage des habitations, toutes les fois que ces mares compromettent la salubrité publique. — A défaut de maire, le préfet peut, sur l'avis du conseil d'hygiène et après enquête *de commodo et incommodo*, décider la suppression immédiate de ces mares ou prescrire, aux frais de la commune, les travaux reconnus utiles. — La dépense est comprise parmi les dépenses obligatoires prévues à l'article 137 de la loi du 5 avril 1884.

Art. 23. — Le maire prescrit aux propriétaires de mares ou fossés à eau stagnante établis dans le voisinage des habitations d'avoir soit à les supprimer, soit à exécuter les travaux ou à prendre les mesures nécessaires pour faire cesser toutes causes d'insalubrité. — En cas de refus ou de négligence, le maire dénonce à l'administration préfectorale l'état d'insalubrité constatée. — Le préfet, après avis du conseil d'hygiène et du service hydraulique, peut ordonner la suppression de la mare dangereuse, ou prescrire que les travaux reconnus nécessaires seront exécutés d'office aux frais du propriétaire, après mise en demeure préalable. — Le montant de la dépense est recouvré comme en matière de contributions directes, sur un rôle exécutoire par le préfet.

Art. 24. — Le préfet peut interdire la vidange des étangs et autres amas d'eau non courante dans les cas et dans les lieux où cette opération serait de nature à compromettre la salubrité publique.

Art. 25. — Il est interdit de faire rouir du chanvre, ou du lin, ou toutes autres plantes textiles, dans les abreuvoirs et lavoirs publics. Le préfet peut réglementer ou même interdire le rouissage des plantes textiles dans les eaux courantes et dans les étangs. Cette interdiction n'est prononcée qu'après avis du conseil d'hygiène et de salubrité. — Les routoirs agricoles, c'est-à-dire ceux exclusivement destinés à l'usage des cultivateurs, ne sont point, comme les routoirs industriels, assujettis aux prescriptions des décrets des 15 octobre 1810 et 31 décembre 1866, relatifs aux établissements insalubres. — Toutefois, le préfet peut ordonner, sur la demande du Conseil municipal ou des propriétaires voisins, la suppression de tout routoir établi à proximité des habitations et dont l'insalubrité serait constatée. — Le maire peut désigner, par un arrêté, les lieux ou les routoirs publics seront établis, ainsi que la distance à observer dans le choix des emplacements destinés au séchage des plantes textiles dans le rouissage.

Loi du 15 Février 1902

Relative à la protection de la santé publique (Extrait)

TITRE Ier. — DES MESURES SANITAIRES GÉNÉRALES

CHAPITRE I. — MESURES SANITAIRES GÉNÉRALES

Art. 10. — Le décret déclarant d'utilité publique le captage d'une source pour le service d'une commune déterminera, s'il y a lieu, en même temps que les terrains à acquérir en pleine propriété, un périmètre de protection contre la pollution de ladite source. Il est interdit d'épandre sur les terrains compris dans ce périmètre, des engrais humains et d'y forer des puits sans l'autorisation du préfet. L'indemnité qui pourra être due au propriétaire de ces terrains sera déterminée suivant les formes de la loi du 2 mai 1841 sur l'expropriation pour cause d'utilité publique, comme pour les héritages acquis en pleine propriété. — Ces dispositions sont applicables aux puits ou galeries fournissant de l'eau potable empruntée à une nappe souterraine. — Le droit à l'usage d'une source d'eau potable implique, pour la commune qui la possède, le droit de curer cette source, de la couvrir et de la garantir contre toutes les causes de pollution, mais non celui d'en dévier le cours par des tuyaux ou rigoles. Un règlement d'administration publique déterminera, s'il y a lieu, les conditions dans lesquelles le droit à l'usage pourra s'exercer. — L'acquisition de tout ou partie d'une source d'eau potable par la commune dans laquelle elle est située peut être déclarée d'utilité publique par arrêté préfectoral, quand le débit à acquérir ne dépasse pas deux litres par secondes. — Cet arrêté est pris sur la demande du Conseil municipal et l'avis du conseil d'hygiène du département. Il doit être précédé de l'enquête prévue par l'ordonnance du 23 août 1835. L'indemnité d'expropriation est réglée dans les formes prescrites par l'article 16 de la loi du 21 mai 1836.

Loi du 25 novembre 1908

Modifiant l'article 25 des lois des 15 février 1902 et 29 janvier 1906 sur la protection de la santé publique (composition du conseil supérieur d'hygiène publique de France)

Article unique. — L'article 25 de la loi du 15 février 1902, relative à la protection de la santé publique, déjà modifié par la loi du 29 janvier 1906, est de nouveau modifié ainsi qu'il suit :

« Art. 25. — Le conseil supérieur d'hygiène publique de France délibère sur toutes les questions intéressant l'hygiène publique, l'exercice de la médecine et de la pharmacie, les conditions d'exploitation ou de vente des eaux minérales, sur lesquelles il est consulté par le Gouvernement. — Il est nécessairement consulté sur les travaux publics d'assainissement ou d'amenée d'eau d'alimentation des villes de plus de cinq mille habitants et sur le classement des établissements insalubres, dangereux ou incommodes. — Il est spécialement chargé du contrôle de la surveillance des eaux captées en dehors des limites de leur département respectif pour l'alimentation des villes. — Le conseil supérieur d'hygiène publique de France comprend des membres de droit qui sont : le directeur de l'assistance et de l'hygiène publiques au ministère de l'intérieur ; le directeur de l'Administration départementale et communale au ministère de l'intérieur ; le directeur du contrôle et de la comptabilité au ministère de l'intérieur ; les conseillers techniques sanitaires du ministère de l'intérieur ; deux inspecteurs généraux des services administratifs au ministère de l'intérieur désignés par le ministre ; — Un représentant du ministère des affaires étrangères ; un représentant du ministère du commerce et de l'industrie ; un représentant du ministère des finances ; un représentant du ministère de l'instruction publique ; un représentant du ministère des travaux publics ; le directeur du travail au ministère du travail et de la prévoyance sociale ; le directeur de l'hydraulique et des améliorations agricoles au ministère de l'agriculture ; le chef du service de la répression des fraudes au ministère de l'agriculture ; le président du comité technique de santé de l'armée ; le directeur du service de santé de l'armée ; le président du conseil supérieur de santé de la marine ; le président du conseil supérieur de santé au ministère des colonies ; le directeur de la carte géologique de France ; le doyen de la Faculté de médecine de Paris ; le directeur de l'école supérieure de pharmacie de Paris ; l'inspecteur général des écoles vétérinaires ; les professeurs d'hygiène des facultés de médecine de Paris, Lyon, Bordeaux, Lille, Nancy, Toulouse, Montpellier et des écoles de médecine et de pharmacie de plein exercice d'Alger, Marseille, Nantes et Rennes ; les professeurs d'hygiène et d'épidémiologie de l'école d'application du service de santé militaire ; le président de la chambre de commerce de Paris ; le directeur de l'Administration générale de l'assistance publique de Paris ; le vice-président du conseil de surveillance de l'assistance publique de Paris ; les vice-présidents du conseil d'hygiène et de salubrité du département de la Seine ; l'inspecteur général des services d'hygiène de la ville de Paris ; l'ingénieur en chef du service technique des eaux et de l'assainissement de la ville de Paris ; l'inspecteur général des services techniques d'hygiène de la préfecture de police ; les présidents honoraires du conseil supérieur d'hygiène publique de France et les conseillers techniques sanitaires honoraires du ministère de l'intérieur ; — Cinq membres nommés par le ministre sur une liste triple de présentation dressée par l'académie des sciences, l'académie de médecine, le conseil d'Etat, la cour de cassation, le conseil supérieur de l'assistance publique de France. — Deux membres, l'un ouvrier, l'autre patron, nommés par le ministre sur deux listes triples de présentation dressées par le conseil supérieur du travail. — Quinze membres désignés par le ministre parmi les médecins, hygiénistes, ingénieurs, chimistes, légistes, etc. — Un décret d'administration publique réglementera le fonctionnement du conseil supérieur d'hygiène publique de France, la nomination des auditeurs et la constitution d'une section permanente. — Un décret rendu dans la même forme pourra modifier la composition du conseil supérieur d'hygiène publique de France, en ce qui concerne les membres de droit, lorsque ces modifications seront nécessitées par des changements apportés à l'organisation administrative des différents départements ministériels. »

Loi du 22 Juillet 1912

Relative à l'assainissement des voies privées (Extrait)

Article premier. — Les lois et règlements relatifs à l'hygiène des voies publiques et des maisons riveraines de ces voies sont applicables aux voies privées, notamment en ce qui concerne l'écoulement des eaux usées et des vidanges et l'alimentation en eau. Toutes les parties d'une voie privée dans laquelle doit être établi un égout ou une canalisation d'eaux sont grevées d'une servitude légale à cet effet.

Art. 2. — Pour l'exécution de tous les travaux intéressant l'ensemble de la voie, les propriétaires de toute voie privée et les propriétaires des immeubles riverains sont tenus, sur la réquisition du maire ou, à défaut, du préfet, et après avis de la commission sanitaire de la circonscription, de se constituer en syndicat et de désigner un syndic chargé d'assurer l'exécution des travaux et de pourvoir à l'entretien de la voie.

Art. 3. — Le syndicat pourra être valablement constitué par la majorité des propriétaires telle qu'elle est définie par l'article 12, paragraphe 2, de la loi du 21 juin 1865, modifiée par la loi du 22 décembre 1888. L'article 4 de la loi du 21 juin 1865 sera, le cas échéant, applicable. — Les décisions du syndicat relatives aux travaux d'hygiène et d'assainissement obligent tous les propriétaires visés à l'article 2.

Art. 4. — Si, dans le délai d'un mois, les propriétaires n'ont pas obéi à l'injonction de l'autorité administrative et n'ont pas constitué le syndicat, il sera procédé, sur la réquisition de celle-ci, par le président du tribunal civil du ressort, à la désignation d'un syndic qui pourra être choisi parmi les personnes non propriétaires dans la voie. — Les propriétaires qui auront donné leur adhésion à la constitution du syndicat seront, avant la désignation du syndic, appelés par le président du tribunal à donner leur avis sur cette désignation. — Le président du tribunal appréciera, s'il y a lieu, d'allouer des honoraires au syndic ainsi désigné, et, le cas échéant, il fixera la quotité de ces honoraires. — Si le syndicat constitué conformément aux articles 2 et 3 n'effectue pas les travaux reconnus indispensables pour la salubrité publique et ordonnés par l'autorité administrative, il sera procédé, après mise en demeure restée sans effet, à la désignation d'un syndic dans les conditions prévues aux paragraphes précédents.

Loi du 16 octobre 1919

relative à l'utilisation de l'énergie hydraulique

TITRE PREMIER. — CONDITIONS GÉNÉRALES D'EXPLOITATION ET CLASSIFICATION DES ENTREPRISES HYDRAULIQUES

Article premier. — Nul ne peut disposer de l'énergie des marées, des lacs et des cours d'eau, quel que soit leur classement, sans une concession ou une autorisation de l'Etat.

Toutefois, aucune concession ou autorisation ne sera accordée sans avis préalable des conseils généraux des départements représentant des intérêts collectifs régionaux, sur le territoire desquels l'énergie est aménagée.

Art. 2. — Sont placées sous le régime de la concession :

1° Les entreprises qui ont pour objet principal la fourniture de l'énergie à des services publics de l'Etat, des départements, des communes et des établissements publics ou à des associations syndicales autorisées et dont la puissance maximum (produit de la hauteur de chute par le débit maximum de la dérivation) excède 150 kilowatts ;

2° Les entreprises dont la puissance maximum excède 500 kilowatts quel que soit leur objet principal.

Sont placées sous le régime de l'autorisation toutes les autres entreprises.

TITRE II. — ENTREPRISES CONCÉDÉES

Art. 3. — La concession est instituée par une loi lorsque les travaux d'appropriation de la force comportent le déversement des eaux d'un bassin fluvial dans un autre ou le détournement des eaux sur une longueur de plus de 20 kilomètres mesurés suivant le lit naturel ou lorsque la puissance normale (produit de la hauteur de chute par le débit moyen annuel de la dérivation) excède 50.000 kilowatts.

Dans les autres cas, la concession est instituée par décret rendu en Conseil d'Etat.

Art. 4. — Pour l'exécution des travaux définis au cahier des charges et régulièrement approuvés par l'administration ainsi que pour l'exploitation de la concession, le concessionnaire aura les droits suivants :

1° Occuper dans l'intérieur du périmètre défini par l'acte de concession, les propriétés privées nécessaires à l'établissement des ouvrages de retenue ou de prise d'eau et des canaux d'adduction ou de fuite lorsque ces canaux sont souterrains ou s'ils sont à ciel ouvert en se conformant à la loi du 29 avril 1845 ;

2° Submerger les berges par le relèvement du plan d'eau ;

3° S'il s'agit d'une usine de plus de 10.000 kilowatts, occuper temporairement tous terrains et extraire tous matériaux nécessaires à l'exécution des travaux en se conformant aux prescriptions de la loi du 29 décembre 1892.

Sont exemptés les bâtiments, cours et jardins attenant aux habitations.

L'exercice des droits conférés au concessionnaire par le présent article est autorisé par arrêté préfectoral pris après que les propriétaires ont été mis à même de présenter leurs observations.

Lorsque l'occupation ainsi faite prive le propriétaire de la jouissance du sol pendant une durée supérieure à celle prévue par le cahier des charges pour l'exécution des travaux ou lorsque, après cette exécution, les terrains ne sont plus propres à la culture, le propriétaire peut exiger du concessionnaire l'acquisition du sol. La pièce de terre trop endommagée ou trop dépréciée doit être achetée en totalité si le propriétaire l'exige.

Les indemnités auxquelles pourra donner lieu l'application du présent article, ainsi que les contestations qu'il soulèvera seront réglées par la juridiction civile. Il sera procédé devant ces tribunaux comme en matière sommaire et, s'il y a lieu, à expertise. Il pourra n'être nommé qu'un seul expert.

Lorsque l'occupation ou la dépossession devra être permanente, l'indemnité sera préalable. Toutefois, si l'urgence des travaux est reconnue par arrêté préfectoral, cet arrêté et l'arrêté déclaratif des droits seront notifiés et l'indemnité sera réglée dans les formes prévues par les articles 66 à 74 de la loi du 3 mai 1841, la juridiction civile restant compétente pour la fixation définitive de cette indemnité.

Art. 5. — Lorsque l'aménagement de l'entreprise nécessite l'occupation définitive de propriétés privées dans des cas autres que ceux prévus par l'article 4, l'utilité publique de l'entreprise peut, si l'intérêt économique de la nation le justifie, être déclarée par l'acte qui approuve la concession. Toutefois, lorsque la déclaration d'utilité publique n'est reconnue nécessaire que pour certains travaux et postérieurement à l'approbation de l'acte de concession, il est statué en Conseil d'État.

Lorsque l'utilité publique a été déclarée, s'il y a lieu, à expropriation, il est procédé, conformément à la loi du 3 mai 1841, sans qu'il soit en rien dérogé aux dispositions des articles 4 et 6.

Si, sur une même parcelle, il y a lieu à établissement d'une des servitudes prévues à l'article 4 et à acquisition en pleine propriété, le jury d'expropriation sera compétent pour statuer sur les deux indemnités.

Art. 6. — L'éviction des droits particuliers à l'usage de l'eau, exercés ou non, donne ouverture à une indemnité en nature ou en argent si ces droits préexistaient à la date de l'affichage de la demande en concession.

Lorsque ces droits étaient exercés à ladite date, le concessionnaire est tenu, sauf décision contraire du juge statuant ainsi qu'il est dit à l'avant-dernier paragraphe du présent article, de restituer en nature l'eau ou l'énergie utilisée, et, le cas échéant, de supporter les frais de transformations reconnues nécessaires aux installations préexistantes à raison des modifications apportées aux conditions d'utilisation.

Pour la restitution de l'eau nécessaire aux irrigations, le concessionnaire dispose des droits donnés au propriétaire par les lois du 29 avril 1845 et du 11 juillet 1847.

Pour la restitution de l'énergie sous forme électrique, le concessionnaire dispose des servitudes d'appui, de passage et d'ébranchage prévues par l'article 12 de la loi du 15 juin 1906.

En cas de désaccord sur la nature ou le montant de l'indemnité qui est due, la contestation est portée devant la juridiction civile. Le juge devra, en prononçant, concilier le respect des droits antérieurs avec l'intérêt de l'entreprise concédée.

L'indemnité qui est due pour droits non exercés à la date de l'affichage de la demande est fixée dans l'acte de concession.

Art. 7. — Une contribution de l'Etat peut être allouée sous forme d'avance ou de subvention, aux concessionnaires d'entreprises dont l'objet principal est la fourniture de l'énergie à des services publics ou intéressant la défense nationale, ainsi qu'à ceux qui prennent à leur charge des travaux d'aménagement susceptibles d'améliorer de façon notable les conditions d'utilisation agricole du cours d'eau ou de régulariser son régime.

L'acte de concession détermine l'importance et les conditions de cette contribution ainsi que le mode de remboursement des avances en capital et intérêts, et, le cas échéant, les modalités d'application des dispositions prévues aux paragraphes *d*, *e*, *f* et *g* du 7e de l'article 10.

Toutefois, cette allocation doit être autorisée par une loi, si, pour une même entreprise, l'engagement de l'Etat doit porter sur plus de cinq exercices.

Art. 8. — Le concessionnaire est assujetti au payement d'une taxe annuelle proportionnelle à la puissance normale telle qu'elle est définie par l'article 3.

Le taux en est fixé à cinq centimes (0 fr. 05) par kilowatt.

Art. 9. — Indépendamment des réserves en eau et en force mentionnées au paragraphe 6 de l'article 10 et dont il doit être tenu compte pour la fixation des charges pécuniaires prévues ci-après, le concessionnaire est assujetti par l'acte de concession au payement de redevances proportionnelles, soit au nombre kilowatts-heure produits, soit aux dividendes ou aux bénéfices répartis, ces deux redevances pouvant éventuellement se cumuler. Toutefois, la redevance proportionnelle aux dividendes ou aux bénéfices ne peut être imposée que lorsque le concessionnaire est une société régie par la loi du 24 juillet 1867 et ayant pour objet principal l'établissement et l'exploitation de l'usine hydraulique.

Un tiers de la redevance proportionnelle est réparti par l'Etat entre les départements et les communes sur le territoire desquelles coulent les cours d'eau utilisés.

La moitié du produit de cette fraction de la redevance est attribuée aux départements ; l'autre moitié est attribuée aux communes.

La répartition est faite proportionnellement à la puissance hydraulique moyenne devenue indisponible dans les limites de chaque département et de chaque commune du fait de l'usine.

Art. 10. — Le cahier des charges détermine notamment :

1° L'objet principal de l'entreprise ;

2° Le règlement d'eau et en particulier les mesures intéressant la navigation ou le flottage, la protection contre les inondations, la salubrité publique, l'alimentation et les besoins domestiques des populations riveraines, l'irrigation, la conservation et la libre circulation du poisson, la protection des paysages, le développement du tourisme ;

3° La puissance maximum et l'évaluation de la puissance normale de la chute faisant l'objet de la concession ;

4° Le délai d'exécution des travaux ;

5° La durée de la concession qui ne peut dépasser soixante-quinze ans, à compter de l'expiration dudit délai ;

6° Les réserves en eau et en force à prévoir, s'il y a lieu, au profit des services publics de l'Etat, ainsi qu'à celui des départements, des communes, des établissements publics, ou des associations syndicales autorisées et des groupements agricoles d'utilité générale qui seront spécifiés dans un règlement d'administration publique ; les conditions dans lesquelles ces réserves doivent être tenues à la disposition des ayants droit notamment : la période initiale pendant laquelle aucun préavis ne sera nécessaire, les délais de préavis après l'expiration de cette période, les travaux qui peuvent être imposés au concessionnaire pour l'utilisation de ces réserves, ainsi que les tarifs spéciaux ou les réductions sur les tarifs maxima indiqués au 9e du présent article, applicables à ces réserves.

Lorsque des conventions ou accords sont déjà intervenus entre les demandeurs et les collectivités visées au paragraphe précédent, soit au point de vue financier, soit à celui des réserves en eau ou en force, ou lorsque l'acte de concession, par application de l'article 6, accorde une réparation en nature, pour le payement des droits exercés ou non, ces accords devront être enregistrés par le cahier des charges et exécutés par le concessionnaire sans qu'il y ait lieu à révision à moins d'entente nouvelle entre les parties contractantes ;

7° La quantité d'énergie à laisser dans les départements riverains, pour être rétrocédée par les soins des conseils généraux ; la période initiale, qui ne pourra excéder l'année qui suivra la date fixée pour l'achèvement des travaux par le cahier des charges, durant laquelle cette énergie doit être tenue à la disposition du conseil général sans préavis ; les délais de préavis à l'expiration de cette période ; le délai qui ne pourra excéder la fin de la cinquième année qui suivra la date fixée pour l'achèvement des travaux par le cahier des charges, à partir duquel le concessionnaire reprendra sa liberté pour les quantités non utilisées, à l'exception, toutefois, d'une fraction fixée par le cahier des charges et qui restera, à toute époque, à la disposition des départements, et, enfin, les tarifs de cession aux conseils généraux, qui ne pourront être inférieurs au prix de revient.

La totalité des réserves en force prévue à l'ensemble du présent paragraphe ne pourra priver l'usine de plus du quart de l'énergie dont elle dispose aux divers états du cours d'eau ;

8° Les conditions financières de la concession et notamment :

a) Le minimum au-dessous duquel la redevance proportionnelle au nombre de kilowatts-heure produits ne peut descendre et les conditions dans lesquelles elles devra être revisée, tous les cinq ans, après une période initiale de dix ans ;

b) En cas de redevance proportionnelle aux dividendes ou aux bénéfices répartis et lorsque le concessionnaire est une société régie par la loi du 24 juillet 1867 et ayant pour objet principal l'établissement et l'exploitation de l'usine hydraulique, le capital initial auquel est constituée la société, ainsi que les conditions dans lesquelles doivent être soumises à l'approbation de l'administration les augmentations ultérieures de ce capital, les conditions financières de la participation de l'Etat aux bénéfices annuels de l'entreprise ; le taux de l'intérêt moyen annuel alloué au capital investi, non remboursé, à partir duquel l'Etat entre en participation ; le mode de calcul de cette participation ; l'échelle progressive d'après laquelle est calculée la part revenant à l'Etat ; les conditions dans lesquelles l'Etat viendra au partage de l'actif net et après remboursement du capital en cas de liquidation ou à l'expiration de la concession, ces conditions devant être déterminées de telle façon que la part ainsi attribuée à l'Etat soit, autant que possible, équivalant à l'ensemble des sommes qui lui eussent été annuellement versées si les bénéfices disponibles avaient été intégralement distribués ;

c) Le montant des actions d'apport, entièrement libérées, qui pourront être attribuées à l'Etat en quantité variable, notamment selon la classification du cours d'eau dont dépend la chute concédée, la puissance et la destination de l'usine ;

d) Lorsque l'Etat contribuera, sous forme d'avance, à l'aménagement de la chute d'eau dans les conditions prévues à l'article 7, le montant des obligations qui pourront lui être attribuées en proportion de sa contribution ;

e) Lorsque l'Etat contribuera, sous forme de subvention, à l'aménagement de la chute dans les conditions prévues à l'article 7, le montant des actions de second rang (dites ordinaires) qui pourront lui être attribuées en proportion de sa contribution ;

f) Lorsque l'Etat souscrira une partie du capital social, le montant des actions de premier rang (dites privilégiées) qui lui seront remises en représentation de sa participation ;

g) Dans tous les cas où l'Etat contribuera financièrement à l'entreprise, le nombre des représentants au conseil d'administration qu'il pourra exiger.

Il sera stipulé dans l'acte de concession que, s'il était ultérieurement établi, à la charge des usines hydrauliques, un impôt spécial instituant une redevance proportionnelle aux kilowatts-heure produits ou aux dividendes et bénéfices répartis, les sommes dues à l'Etat au titre des redevances contractuelles résultant des dispositions de l'article 9 et de celles qui précèdent seraient réduites du montant de cet impôt ;

9° S'il y a lieu, les tarifs maxima de l'entreprise ;

10° Les mesures nécessaires pour que, en cas de non-renouvellement de la concession, les travaux et aménagements nécessaires à la bonne marche et au développement de la future exploitation soient néanmoins entrepris et conduits, jusqu'au terme de la concession, dans l'intérêt bien entendu de l'entreprise et spécialement les règles d'imputation et d'amortissement des travaux de premier établissement qui, avec l'approbation de l'administration, seraient exécutés par le concessionnaire pendant les dix dernières années de la concession, le mode de participation de l'Etat à cet amortissement, les conditions administratives et financières dans lesquelles, pendant les cinq dernières années de la concession, le concessionnaire peut être astreint par l'Etat à exécuter des travaux nécessaires à la future exploitation ; le mode de payement par l'Etat de ces travaux ;

11° Les terrains, bâtiments, ouvrages, machines et engins de toute nature constituant les dépendances immobilières de la concession et qui, à ce titre, doivent faire gratuitement retour à l'Etat en fin de concession, francs et quittes de tous privilèges, hypothèques et autres droits réels ;

12° Les conditions dans lesquelles, en fin de concession, l'Etat peut reprendre, à dire d'experts, le surplus de l'outillage ;

13° S'il y a lieu, les conditions dans lesquelles peut s'exercer la faculté de rachat après l'expiration d'un délai qui ne doit pas être inférieur à cinq ans, ni supérieur à vingt-cinq ans à compter de la date fixée pour l'achèvement des travaux, ainsi que le règlement des sommes qui seraient dues par le concessionnaire pour la mise en bon état d'entretien des ouvrages constituant les dépendances immobilières de la concession et qui seront prélevées, le cas échéant, sur l'indemnité de rachat ;

14° Les conditions et les formes dans lesquelles la déchéance peut être prononcée pour inobservation des obligations imposées au concessionnaire ;

15° Les conditions dans lesquelles, en cas de rachat ou de déchéance, l'Etat est substitué à tous droits et obligations du concessionnaire ;

16° Le cautionnement ou les garanties qui peuvent être exigées ;

17° Le montant des frais de contrôle qui sont supportés par le concessionnaire ;

Le dixième du produit de ces taxes et redevances sera inscrit au budget du Ministère de l'Agriculture, en vue de travaux tels que barrages, travaux de restauration et de reboisement destinés à conserver et à améliorer le débit des cours d'eau.

Art. 11. — Le concessionnaire peut être tenu de se substituer, dans un délai à fixer par le cahier des charges, à une société anonyme. La substitution est approuvée par un décret rendu en Conseil d'Etat.

Art. 12. — Toute cession totale ou partielle de concession, tout changement de concessionnaire ne peut avoir lieu qu'après approbation donnée par décret en Conseil d'Etat.

Art. 13. — Dix ans au moins avant l'expiration de la concession, l'Administration doit notifier au concessionnaire si elle entend ou non lui renouveler sa concession. A défaut par l'administration d'avoir, avant cette date, notifié ses intentions au concessionnaire, la concession est renouvelée de plein droit aux conditions antérieures, mais pour une période de trente années seulement.

Les dispositions contenues dans le paragraphe précédent sont applicables avec les mêmes délais aux concessions renouvelées par tacite reconduction par période de trente années. S'il n'a pas été institué de concession nouvelle cinq ans au moins avant l'expiration de la concession, celle-ci se trouve renouvelée de plein droit aux conditions antérieures, mais pour une période de trente années seulement.

Le concessionnaire actuel aura un droit de préférence s'il accepte les conditions du nouveau cahier des charges définitif.

Art. 14. — Sont publiés au *Journal officiel*, dans le délai d'un mois à compter de l'acte approbatif, tous les actes de concession et, dans la première quinzaine de chaque trimestre, un état détaillé des subventions et des avances accordées pendant le trimestre précédent.

TITRE III. — ENTREPRISES AUTORISÉES

Art. 15. — Les entreprises autorisées sont régies par les lois et règlements en vigueur, sous réserve des modifications prévues par la présente loi.

Art. 16. — Les autorisations sont accordées par arrêté préfectoral, quel que soit le classement du cours d'eau. Toutefois, sur les canaux de navigation ou les rivières canalisées, elles sont accordées par décret lorsque leur durée excède cinq ans.

Elles ne doivent pas avoir une durée supérieure à soixante-quinze ans. Elles ne font pas obstacle à l'octroi de concessions nouvelles, ni à l'application des articles 4 et 6. A toute époque, elles peuvent être révoquées ou modifiées sans indemnité dans les cas prévus par les lois en vigueur sur le régime des eaux.

Dans les cinq ans qui précèdent leur expiration, elles peuvent être renouvelées pour une durée de trente années. Un droit de préférence appartient au permissionnaire dont le titre vient à échéance.

Le renouvellement s'opère de plein droit pour ladite durée de trente ans si l'administration ne notifie pas de décision contraire avant le commencement de la dernière année.

Si l'autorisation n'est pas renouvelée, le permissionnaire est tenu de rétablir le libre écoulement du cours d'eau ; toutefois, l'Etat a la faculté d'exiger l'abandon, à son profit, des ouvrages de barrage et de prise d'eau édifiés dans le lit du cours d'eau et sur ses berges, le tout avec indemnité.

Le permissionnaire est assujetti au payement de la taxe dont le taux et le mode de recouvrement sont réglés par les articles 8 et 22 sans préjudice, en ce qui concerne les entreprises établies sur les cours d'eau du domaine public, des redevances domaniales qui seraient fixées par l'acte d'autorisation conformément à la réglementation actuellement existante.

Toute cession totale ou partielle d'autorisation, tout changement de permissionnaire doit, pour être valable, être notifié au préfet qui, dans les deux mois de cette notification, devra en donner acte ou signifier son refus motivé. Cette disposition ne s'applique pas aux ventes en justice.

Art. 17. — Les entreprises autorisées peuvent, à toute époque, par un accord entre l'Etat et le permissionnaire, être placées sous le régime de la concession.

Elles le seront obligatoirement lorsque, à raison d'une augmentation de puissance ou du changement de leur objet principal, elles viendront à rentrer dans la catégorie de celles classées comme concessibles aux termes de l'article 2.

TITRE IV. — ENTREPRISES ANTÉRIEUREMENT AUTORISÉES OU CONCÉDÉES

Art. 18. — Les entreprises autorisées à la date de la promulgation de la présente loi demeurent, pendant soixante-quinze ans, à compter de la même date, soumises au régime qui leur était antérieurement applicable avec payement du droit de statistique mais non de la redevance, s'il est légalement établi une redevance générale sur toutes les usines hydrauliques, à moins qu'au cours de cette période, ces entreprises ne passent sous le régime de la concession par un accord entre l'Etat et le permissionnaire, et sous réserve de leur suppression qui demeure possible dans les conditions prévues par les lois en vigueur sur le régime des eaux.

Ces entreprises, suivant qu'elles sont ou non réputées concessibles aux termes de l'article 2 sont, à l'expiration du régime provisoire prévu au paragraphe précédent et au point de vue des délais de préavis, du droit de préférence et de leurs conséquences, soumises respectivement aux dispositions des articles 13 et 16. Dans le cas où l'administration négligerait l'accomplissement des formalités prévues auxdits articles, le régime provisoire sous lequel elles sont placées continuerait à leur être applicable, mais pendant trente années seulement.

A l'expiration de la période de soixante-quinze ans, les entreprises visées au paragraphe précédent sont assimilées aux entreprises arrivant en fin de concession ou d'aurisation, sous réserve des dispositions ci-après :

Les terrains et tous immeubles par nature ou par destination constituant l'aménagement de la force hydraulique, y compris les machines hydrauliques et les bâtiments ou parties de bâtiments suffisants pour abriter ces machines, deviennent propriété de l'Etat. Cette transmission s'effectue moyennant une indemnité fixée par la juridiction civile, qui ne peut dépasser, en cas de concession, le quart de la valeur vénale estimée à cette époque, à dire d'experts, des terrains, immeubles, machines et bâtiments précités revenant à l'Etat. Toutefois, aucune indemnité n'est allouée pour la partie des biens établis sur le domaine public, ni lorsque l'entreprise fait l'objet, au profit du permissionnaire, dont le titre vient à échéance, d'une autorisation nouvelle ou d'une concession.

L'Etat peut également racheter, à dire d'experts, le surplus de l'outillage.

Celles des entreprises susvisées qui n'auraient pas commencé la construction de leurs ouvrages à la date du 1er août 1917 et seraient classées comme concessibles aux termes de l'article 2 peuvent, pendant cinq ans, à compter de cette date, être obligatoirement placées sous le régime de la concession, à défaut d'accord sur les stipulations de l'acte de concession ; l'Etat aura la faculté de retirer l'autorisation et de se substituer au droit du permissionnaire, moyennant une indemnité qui sera fixée par la juridiction civile et ne pourra dépasser le montant des dépenses utilement faites et dûment justifiées.

En aucun cas, le maintien des autorisations antérieures ne peut faire obstacle à l'octroi de concessions nouvelles ni à l'application des dispositions des articles 4 et 6.

Les dispositions des paragraphes 1er, 2, 3 et 4 du présent article ne sont pas applicables aux entreprises dont la puissance maximum ne dépasse pas 150 kilowatts ; ces entreprises demeurent autorisées conformément à leur titre actuel et sans autre limitation de durée que celle résultant de la possibilité de leur suppression dans les conditions prévues par les lois en vigueur sur le régime des eaux.

Art. 19. — Les exploitants, propriétaires ou locataires d'entreprises autorisées ou concédées à la date de la promulgation de la présente loi sont assujettis au payement de la taxe dont le taux et le mode de payement sont réglés par les articles 8 et 22.

Ils sont exonérés des redevances proportionnelles prévues à l'article 9, à moins qu'ultérieurement ne soit établi légalement sur toutes les usines hydrauliques un impôt spécial établissant une redevance proportionnelle aux kilowatts-heure produits ou aux dividendes et bénéfices répartis.

Dans le cas d'une entreprise réputée concessible et dont le permissionnaire ne serait pas conservé comme concessionnaire et pour que les aménagements nouveaux nécessaires à l'intérêt bien entendu de l'entreprise et à son avenir soient néanmoins exécutés, le permissionnaire pourra, dans les dix dernières années du régime provisoire, solliciter la participation de l'Etat.

Un contrat spécial déterminera la nature, l'importance et le coût des travaux, le mode de participation de l'Etat à ces derniers, les règles d'imputation et d'amortissement du montant des aménagements nouveaux.

Dans les cinq années qui précèdent la fin du régime provisoire, le permissionnaire pourra être astreint par l'Etat à exécuter les travaux et aménagements que ce dernier jugera nécessaires à la bonne marche et au développement de la future exploitation.

Dans ce cas, il appartiendra à l'Etat seul d'en régler le montant.

TITRE V. — DISPOSITIONS GÉNÉRALES

Art. 20. — Les propriétaires d'usines et de terrains qui auraient profité directement des améliorations de régime des cours d'eau résultant de l'exécution de travaux par l'Etat, les départements, les communes ou leurs concessionnaires, à l'exception des arrosants qui avaient des droits antérieurs à la présente loi, pourront être tenus de payer des indemnités de plus-value qui seront réglées par le conseil de préfecture sauf recours au conseil d'Etat.

Les actions ou indemnités de plus-value ne peuvent être exercées qu'en vertu d'une autorisation préalable accordée par décret rendu en conseil d'Etat.

Le décret peut décider que les indemnités seront payables par annuités en tenant compte chaque année de l'utilisttion effective du supplément d'eau ou de force motrice résultant des travaux.

Art. 21. — Les droits résultant du contrat de concession ou de l'arrêté d'autorisation d'aménagement des forces hydrauliques, sont susceptibles d'hypothèques.

Art. 22. — Le recouvrement des taxes et redevances au profit de l'Etat sera opéré d'après les règles en vigueur pour le recouvrement des produits et revenus domaniaux.

Les privilèges établis pour le recouvrement des contributions directes par la loi du 12 novembre 1808 au profit du Trésor public s'étendent aux taxes et redevances sus-visées.

Art 23. — L'État ainsi que les départements et les communes à qui des concessions seraient accordées ou attribuées peuvent exploiter directement l'énergie des cours d'eau.

Les départements, communes ou syndicats de communes et les établissements publics qui voudront participer financièrement à l'établissement d'usines hydrauliques auront les mêmes droits que l'Etat en ce qui concerne l'application de l'article 7 et des paragraphes *d*, *e*, *f* et *g* du 8° de l'article 10 ; mais les engagements qu'ils seront appelés à contracter de ce chef devront être préalablement approuvés par décision concertée du Ministre de l'Intérieur et du Ministre chargé des forces hydrauliques.

Art. 24. — Les décrets approuvant les actes de concession ou accordant des autorisations, ainsi que les arrêtés d'autorisations, doivent être rendus ou le refus signifié aux pétitionnaires dans le délai maximum de six mois pour les autorisations et d'un an pour les concessions, à compter du dépôt de la demande et du dossier constitué ainsi qu'il sera spécifié par le règlement d'administration publique prévu par l'article 28, paragraphe 4.

Les ministres, dont l'avis est exigé par la loi ou par les règlements d'administration publique, doivent fournir leur réponse dans le délai de trois mois à partir de la date à laquelle cet avis leur est demandé ; passé ce délai, ils sont considérés comme acquiesçant sans observations aux propositions formulées.

Art. 25. — Les litiges dans lesquels l'Etat serait engagé par l'application de la présente loi peuvent être soumis à l'arbitrage tel qu'il est réglé par le livre III du code de procédure civile.

Le recours à cette procédure doit être autorisé par un décret délibéré en Conseil des ministres et contresigné par le Ministre compétent et par le Ministre des Finances.

Art. 26. — Aucune concession ou autorisation ne peut être accordée, aucune cession ou transmission de concession ou d'autorisation ne peut être faite qu'aux seuls Français.

Si le concessionnaire ou le permissionnaire est une société, celle-ci doit avoir son siège social en France et être régie par des lois françaises. Le président du conseil d'administration, les administrateurs délégués, les gérants, les directeurs ayant la signature sociale, les commissaires aux comptes et les deux tiers soit des associés en nom collectif, soit des administrateurs, soit des membres du conseil de direction ou du conseil de surveillance doivent être français.

Il ne peut être exceptionnellement dérogé aux règles qui précèdent que par décret délibéré en Conseil des ministres et contresigné par le Président du Conseil, le Ministre des Travaux publics et celui des Affaires étrangères.

Art. 27. — La dérivation à l'étranger de l'énergie électrique produite en France par des entreprises hydrauliques est interdite sous réserve des traités internationaux.

Par exception, un décret en Conseil d'Etat, contresigné par le Ministre des Travaux publics et celui des Affaires étrangères, peut autoriser pour une durée de vingt ans au maximum, mais renouvelable, le transport de la force électrique à l'étranger.

Art. 28. — Des règlements d'administration publique détermineront les conditions de l'application de la présente loi et fixeront notamment :

1° Les conditions dans lesquelles les propriétaires seront tenus de laisser faire sur leur propriété tous travaux de mensuration ou de nivellement ;

2° Le modèle du règlement d'eau pour les entreprises autorisées ;

3° Le texte des cahiers des charges-types des entreprises concédées ;

4° La forme des demandes ainsi que les documents justificatifs et les plans qui doivent y être annexés ;

5° La forme de l'instruction des projets et de leur approbation ,

6° La forme des différentes enquêtes relatives à l'autorisation ou à la concession des entreprises et à l'établissement des servitudes prévues par la loi. Ces enquêtes doivent obligatoirement comprendre, en cas de concession, la consultation des Conseils généraux des départements sur lesquels s'étend le périmètre de la concession ou des Commissions départementales à qui délégation, soit générale, soit spéciale, pourra être conférée à cet effet ;

Le délai dans lequel ces assemblées doivent formuler leur avis ;

7° L'étendue et les conditions d'exercice du contrôle technique et financier auquel les concessions sont soumises ;

8° Les conditions dans lesquelles il est pris acte, dans la loi ou le décret approuvant la concession des accords qui seraient intervenus avec les départements, les communes et les collectivités visées au paragraphe 6 de l'article 10, et notamment pour régler, le cas échéant, la participation du concessionnaire au réempoissonnement des rivières, à la reconstitution des massifs forestiers ou à l'amélioration du régime général des eaux ;

9° Les conditions administratives et financières auxquelles est soumise l'exploitation directe de l'énergie des cours d'eau par l'Etat, les départements et les communes ;

10° Les conditions dans lesquelles soit dans le cas d'exploitation directe par l'Etat, les départements et les communes, soit dans les entreprises privées, devra être organisée la participation du personnel aux bénéfices et à la gestion dans le cadre de la loi du 26 avril 1917 ;

11° Les mesures nécessaires pour assurer, en conformité de l'article 26, la prépondérance effective aux intérêts français dans l'administration des sociétés ;

12° La forme et le fonctionnement des ententes que l'Administration pourra imposer, sous sa direction, et, le cas échéant, avec son concours financier dans les conditions fixées par les articles 7 et 10 de la présente loi, aux divers concessionnaires ou permissionnaires établis sur les cours d'eau d'une même vallée ou d'un même bassin ;

a) Pour l'exécution des travaux d'intérêt collectif tels que lignes de jonction des diverses usines, lignes de transport dans les départements voisins, aménagement des réserves d'eau pour régulariser le régime de la rivière, enlèvement des graviers et des apports, etc.

b) Pour l'exploitation des installations ainsi faites, le tout en vue de l'échange, de la répartition, du transport et de la meilleure utilisation de l'énergie ;

c) Pour la fourniture aux agglomérations rurales de la quantité d'eau nécessaire à leur alimentation.

Les ententes devront toujours être administrées par un conseil composé d'une part de représentants de l'Etat et des collectivités riveraines désignées par l'autorité concédante, et, d'autre part, d'un nombre égal de représentants nommés par les divers concessionnaires ou permissionnaires de la vallée ou du bassin.

Le président sera désigné par l'autorité concédante parmi les représentants de l'Etat ; sa voix sera prépondérante en cas de partage égal des voix.

Art. 29. — Les usines ayant une existence légale, ainsi que celles qui font partie intégrante d'entreprises déclarées d'utilité publique et pour lesquelles un règlement spécial sera arrêté par un décret rendu en Conseil d'Etat, ne sont pas soumises aux dispositions des titres I et V de la présente loi. Toutefois, elles supporteront la taxe dont le taux et le mode de recouvrement sont réglés par les articles 8 et 22.

Les usines qui font partie intégrante d'entreprises déclarées d'utilité publique pourront bénéficier des dispositions des articles 4 et 6.

Art. 30. — Le Ministre des Travaux publics connaît de toutes les questions relatives à l'aménagement et à l'utilisation de l'énergie hydraulique. Il prend, dans la limite de ses attributions, toutes les décisions et ordonne toutes les mesures d'exécution nécessaires à l'application de la présente loi. Il est chargé en particulier d'assurer :

La préparation des règlements d'administration publique pris par application de la loi ;

L'exécution, d'accord avec le Ministre de l'agriculture, des études utiles au développement de l'emploi de l'énergie hydraulique ainsi que la centralisation et, lorsqu'il y a lieu, la publication de tous les renseignements concernant l'aménagement et l'utilisation de cette énergie ;

L'établissement, d'accord avec le Ministre de l'Agriculture pour les cours d'eau qui ne font pas partie du domaine public, des plans généraux d'aménagement des eaux par vallées et par bassins dont il doit être tenu compte pour l'institution des concessions et des autorisations ainsi que pour le développement de l'agriculture, et pour la lutte contre les inondations ;

L'instruction des demandes en concession et en autorisation, en cession de concession ou d'autorisation, d'élaboration des conventions et des cahiers des charges, la présentation des projets de loi ou de décret approuvant une concession ou une autorisation ainsi que tous autres, pris en exécution de la présente loi ;

La gestion des usines qui seraient exploitées directement par l'Etat, l'exercice du contrôle de l'Etat sur les usines concédées ou autorisées, ainsi que celles ayant une existence légale, l'exacte application du cahier des charges et spécialement des règlements d'eau, la préparation et l'exécution des mesures relatives à la délivrance des concessions et du retrait des autorisations.

Pour les usines à établir par un autre département ministériel comme annexe à une entreprise reconnue d'utilité publique, la loi ou le décret de concession devra être contresigné par le Ministre des Travaux publics et le Ministre compétent et, sur les cours d'eau qui ne font pas partie du domaine public, par le Ministre de l'Agriculture.

Les fonctionnaires et agents des services hydrauliques locaux du Ministère de l'Agriculture sont placés pour toutes les questions concernant l'aménagement de l'énergie hydraulique et notamment pour l'instruction des demandes en concession ainsi que pour le contrôle de ces entreprises sous l'autorité du Ministre des Travaux publics.

Art. 31. — Il est créé auprès du Ministre des Travaux publics un comité consultatif comprenant 7 députés et 5 sénateurs élus respectivement par les assemblées dont ils font partie et, en nombre égal, des représentants des industries aménageant ou utilisant l'énergie hydraulique, de l'agriculture, de la navigation et du tourisme, ainsi que la protection des sites, paysages et monuments naturels d'une part, des administrations publiques d'autre part, savoir :

1° 8 représentants professionnels des grandes industries aménageant ou utilisant les forces hydrauliques, 8 représentants professionnels de l'agriculture, 2 membres des chambres de commerce, 2 représentants de la navigation intérieure, et 2 représentants des associations de tourisme et de protection des sites, paysages et monuments naturels ;

2° 1 conseiller d'Etat, 1 jurisconsulte, 6 représentants de l'administration des travaux publics, 6 de l'agriculture, 2 des finances, 2 du commerce et de l'industrie, 1 de la guerre, 1 des postes et télégraphes, 1 de l'intérieur et 1 des beaux-arts. Jusqu'à la cessation des hostilités, le représentant du ministère de la guerre et un des représentants du ministère de l'agriculture seront remplacés par deux représentants du ministère de la reconstitution industrielle.

Les membres du comité consultatif sont nommés par décret rendu sur la proposition du Ministre des Travaux publics après avis :

1° Pour les représentants des administrations publiques, des ministres intéressés ;

2° Pour les représentants professionnels de l'industrie hydraulique et des Chambres de commerce, du Ministre du Commerce et de l'Industrie ;

3° Pour les représentants professionnels de l'agriculture, du Ministre de l'Agriculture.

En ce qui concerne les représentants administratifs et professionnels de l'agriculture, l'avis du Ministre de l'Agriculture doit être conforme.

Le Conseiller d'Etat qui est désigné d'accord entre les Ministres des Travaux publics et de l'Agriculture est de droit président du comité ; un vice-président, choisi parmi les membres du comité, est nommé par le Ministre des Travaux publics, après entente avec son collègue de l'Agriculture.

Le Comité consultatif donne son avis sur toutes les questions dont il est saisi par le Ministre des Travaux publics.

Les cahiers des charges types, les projets de règlements d'administration publique nécessaires à l'exécution de la présente loi, les plans généraux d'aménagements des eaux, les projets de loi ou de décret approuvant une concession ou accordant une autorisation, ainsi que tous autres actes pris en exécution de la loi sont obligatoirement soumis au Comité.

L'exploitation d'une usine par l'Etat, en régie directe ou intéressée, ne peut être décidée qu'après avis conforme du Comité. Il est institué auprès du Comité consultatif un secrétariat comportant des rapporteurs adjoints et dans le sein du Comité une section permanente pour l'expédition des affaires courantes ainsi que celles pour lesquelles délégation lui est donnée par le Comité. La section permanente est présidée par le Conseiller d'Etat, président du Comité. La répartition des affaires entre le

Comité et la section permanente est fixée par un arrêté du Ministre des Travaux publics.

Un règlement d'administration publique déterminera les conditions d'application du présent article, notamment les conditions de fonctionnement du Comité et de la section permanente ainsi que la composition de cette section qui devra comprendre sept membres.

Art. 32. — Les décrets portant règlement d'administration publique, les décrets approuvant une concession ou accordant une autorisation, ainsi que tous autres pris en application de la présente loi seront rendus sur le rapport et contre-seing du Ministre des Travaux publics. Les décrets portant règlement d'administration publique et les décrets approuvant une concession sur les cours d'eau ne faisant pas partie du domaine public seront, en outre, contresignés par le Ministre de l'Agriculture.

Les décrets qui approuvent une concession comportant une subvention ou une avance de l'Etat seront, de plus, contresignés par le Ministre des Finances.

Sur les cours d'eau ne faisant pas partie du domaine public, les autorisations seront accordées par les préfets sous l'autorité du Ministre de l'Agriculture, en se conformant au plan d'aménagement et après qu'ils auront avisé le Ministre de l'Agriculture et le Ministre des Travaux publics.

TITRE VI

Sont abrogées toutes les dispositions contraires à la présente loi.

Circulaire Ministérielle du 13 Février 1920

touchant l'application de la loi du 16 octobre 1919 sur l'utilisation de l'énergie hydraulique

La loi du 16 octobre 1919 relative à l'utilisation de l'énergie hydraulique dispose en son article 28 que des règlements d'administration publique détermineront les conditions d'application de ladite loi, notamment en ce qui concerne la forme de l'instruction des projets, ainsi que la forme des différentes enquêtes relatives à l'autorisation ou à la concession des entreprises.

Ces règlements sont actuellement en préparation et j'ai tout lieu de penser qu'ils interviendront à bref délai. Vous recevrez à ce moment notification des décrets rendus à cet effet avec les instructions de mon administration.

Mais, en présence des hésitations manifestées par certains ingénieurs en chef en ce qui concerne la procédure à suivre dès maintenant, en exécution de la nouvelle lo i,et pour ne pas retarder plus longtemps la solution des affaires en instance, il m'a paru y avoir lieu d'indiquer les règles essentielles auxquelles il convient de se conformer pendant cette période transitoire, en attendant l'intervention des règlements d'administration publique.

Les principes généraux dont devront s'inspirer les ingénieurs pour l'instruction des affaires en cours peuvent se résumer comme suit :

I. — RÈGLES DE COMPÉTENCE

L'article 30 de la loi du 16 octobre 1919, plaçant toutes les questions de concession de force hydraulique, qu'il s'agisse ou non de cours d'eau du domaine public, dans les attributions de mon département, c'est à mon administration et non plus à celle de l'agriculture que les ingénieurs devront désormais adresser leurs propositions et leurs rapports sur ces questions.

Doivent, aux termes de l'article 2 de la loi, donner lieu à concession, toutes les usines de plus de 500 kw., quel que soit l'objet de l'entreprise, et celles de plus de 150 kw., quand leur objet principal est la fourniture de l'énergie à des services publics de l'Etat, des départements, des communes et des établissements publics, ou à des associations syndicales autorisées.

Toutes les autres entreprises doivent être autorisées par simple arrêté préfectoral ou par décret si elles sont situées sur un canal ou une rivière canalisée.

Dans le cas de simple autorisation, l'instruction se fera au chef-lieu du département et sera dirigée par l'ingénieur en chef du service hydraulique, sous l'autorité du ministre de l'agriculture, pour les cours d'eau non domaniaux, ou par l'ingénieur en chef de la navigation, sous l'autorité du ministre des travaux publics dans le cas de cours d'eau domaniaux, de canaux ou de rivières canalisées.

Pour les usines concédées dont la puissance est plus importante ou qui touchent à des intérêts généraux étendus, en raison de l'influence sensible qu'elles peuvent avoir sur le régime du cours d'eau ou même du bassin, l'instruction sera désormais suivie par le service des grandes forces hydrauliques déjà chargé du plan d'aménagement dudit bassin. Les prescriptions de la circulaire adressée à cet égard aux ingénieurs en chef des ponts et chaussées, à la date du 5 juin 1919, doivent donc désormais s'appliquer, non plus seulement à l'étude des plans d'aménagement, mais également à l'instruction de toutes les demandes en concession.

Il doit être entendu toutefois que l'ingénieur en chef instructeur consultera les autres services intéressés, par voie de conférence, avant de formuler ses propositions définitives.

En conséquence, les ingénieurs en chef du service hydraulique se dessaisiront au profit des ingénieurs désignés par la circulaire du 5 juin 1919, des dossiers d'instruction de toutes les demandes visant l'établissement, sur les cours d'eau domaniaux ou non, d'usines hydrauliques devant faire, d'après la nouvelle loi, l'objet d'une concession.

Les dossiers seront transmis avec une note succincte précisant l'état de l'instruction et exposant l'avis de l'ingénieur en chef sur la suite à donner à l'affaire.

Les pétitionnaires seront avisés, par les soins de l'ingénieur en chef du service hydraulique, du transfert d'attributions ci-dessus défini.

II. — FORME DES INSTRUCTIONS

1° *Demandes d'autorisation.* — L'instruction des demandes ou autorisation d'usines hydrauliques continuera provisoirement à se faire, conformément au décret du 1er août 1905. Toutefois, vous ne prendrez votre arrêté, ou s'il s'agit d'un canal ou d'une rivière canalisée, vous ne transmettrez le dossier au ministre des travaux publics qu'après avoir pris l'avis du Conseil général ou de sa commission départementale ;

2° *Demandes de concession avec déclaration d'utilité publique sous le régime du décret du 11 avril 1918.* — L'instruction des demandes visant la concession sur les cours d'eau du domaine public, d'usines établies avec déclaration d'utilité publique, continuera provisoirement à se faire sous le régime du décret du 11 avril 1918;

3° *Autres demandes relatives à des usines concessibles et ayant donné lieu à un commencement d'instruction, en vue de la délivrance d'une autorisation.* — Les ingénieurs en chef instructeurs feront compléter les dossiers des demandes autres que celles visées au paragraphe ci-dessus de telle sorte que ces dossiers comprennent :

1° Un extrait de carte à l'échelle de 1/50 millièmes ou de 1/80 millièmes de la région où doit se faire l'entreprise ;

2° Un plan sommaire des lieux et des ouvrages projetés ;

3° Le profil en long de la section du cours d'eau intéressé par les travaux, ainsi que celui de la dérivation ;

4° Une note indiquant, avec calculs à l'appui, la puissance maximum et la puissance normale de la chute ;

5° Un mémoire descriptif indiquant : *a)* les dispositions principales des ouvrages les plus importants et les changements présumés que l'exécution des travaux et l'exploitation de l'usine pourront apporter au niveau et au régime des eaux, soit en amont, soit en aval ; *b)* l'évaluation sommaire des dépenses d'établissement ainsi que celles des dépenses et des recettes d'exploitation ;

6° Eventuellement le tableau parcellaire des terrains pour l'acquisition desquels le demandeur sollicite la déclaration d'utilité publique ;

7° Les conventions ou accords qui peuvent être déjà intervenus entre le demandeur et les collectivités visées à l'article 10, 6°, de la loi du 16 octobre 1919, soit au point de vue financier, soit à celui des réserves en eau ou en force ou lorsque l'acte de concession par application de l'article 6 de la loi précitée accorde une réparation en nature pour le payement des droits exercés ou non ;

8° Les réserves en eau et en force à prévoir, s'il y a lieu, au profit des services publics de l'Etat ainsi qu'à celui des départements, des communes, des établissements publics ou des associations syndicales autorisées et des groupements agricoles d'utilité générale ;

9° S'il y a lieu, un projet de tarif maximum de prix à percevoir par l'exploitant pour la vente de l'énergie ;

10° Au cas où le demandeur entend bénéficier des dispositions de l'article 7 de la loi du 16 octobre 1919, une note exposant les motifs et indiquant le chiffre de la subvention ou de l'avance sollicitée ;

11° Les dessins des principaux ouvrages, ainsi que tous renseignements techniques et justificatifs à l'appui ;

12° Un projet de cahier des charges.

On appliquera jusqu'à nouvel ordre le type de cahier des charges et de convention adopté par mon administration pour les concessions récemment accordées (concession de Beaumont-Monteux, décret du 25 octobre 1914. Concession de Pont-d'Ain-Priay, décret du 6 juin 1918. Concession de Sisteron, décret du 4 septembre 1919). Il conviendra toutefois de tenir compte dans la rédaction de ces cahiers des charges des prescriptions nouvelles de la loi, notamment en ce qui concerne les clauses financières, les réserves pour services publics et les quantités d'énergie à laisser, le cas échéant, à la disposition des Conseils généraux. (Art. 10, 6° et 7° de la loi.)

Le dossier sera établi en double exemplaire lorsqu'il s'agira d'une usine à installer sur un cours d'eau non domanial.

Ce dossier me sera transmis par l'ingénieur en chef instructeur avec des propositions motivées en ce qui touche la suite à donner à l'affaire. Le rapport de l'ingénieur en chef instructeur fera ressortir l'état auquel avait abouti l'instruction de la demande primitive du pétitionnaire.

En cas de demandes concurrentes intéressant une même section de cours d'eau, l'ingénieur en chef indiquera celle qu'il estime devoir être retenue comme assurant, notamment, la meilleure utilisation des eaux et précisera les raisons qui lui paraissent justifier ce choix.

Je me réserve d'indiquer, en réponse aux diverses transmissions que je recevrai ainsi des ingénieurs en chef, la suite à donner à chaque affaire.

4° *Demandes relatives à des usines concessibles n'ayant encore donné lieu à aucun commencement d'instruction.* — Pour les demandes qui, sous l'empire de la législation en vigueur avant la loi du 16 octobre 1919, n'avaient donné lieu à aucun commencement d'instruction, il sera procédé comme il est indiqué au paragraphe 2 ci-dessus, sauf que le premier dossier à me fournir ne comprendra que les pièces énumérées jusqu'au 10° inclus.

La procédure transitoire que je viens d'indiquer permettra de poursuivre, en se conformant aux dispositions légales nouvelles, l'instruction des affaires en cours, ou de commencer l'examen des demandes en concession dont l'administration peut être saisie, sans attendre l'intervention des règlements d'administration publique.

Aucune affaire ne devra donc être arrêtée ni suspendue du fait de la promulgation de la loi.

Je vous prie de m'accuser réception des présentes instructions, dont j'adresse directement copie aux ingénieurs en chef.

Le Sous-Secrétaire d'Etat des Mines et des Forces hydrauliques.

Loi du 12 Juin 1920

Concernant l'autonomie des ports maritimes de commerce

et la simplification des formalités relatives à l'exécution des travaux des ports

TITRE PREMIER. — ADMINISTRATION DES PORTS

Article premier. — L'administration d'un port maritime de commerce peut être confiée à un organisme local dans les conditions définies par la présente loi.

Le nouveau régime est institué dans chaque port par un décret, rendu en Conseil d'Etat, après enquête, le comité régional du groupement économique auquel appartient le port préalablement entendu, sur la proposition du Ministre des Travaux publics, des Transports et de la Marine marchande, du Ministre du Commerce, de l'Industrie, des Postes et des Télégraphes, du Ministre de l'Agriculture, du Ministre de la Marine et du Ministre des Finances. Ce décret détermine la circonscription du port et règle les dispositions que nécessite la substitution du nouveau régime au régime antérieur.

La circonscription comprend les accès maritimes de l'établissement, dans les limites fixées par le décret ; elle peut comprendre, outre le port principal, un certain nombre de ports secondaires. Le port et ses dépendances continuent à faire partie du domaine public.

Les droits et obligations de l'État, en matière de domanialité et de travaux publics, sont conférés au port dans les mêmes conditions qu'aux administrations de chemins de fer.

Art. 2. — Un port dans lequel a été institué le régime organisé par la présente loi est un établissement public investi de la personnalité civile et soumis aux règles générales qui régissent la gestion des deniers publics.

Art. 3. — L'administration du port est assurée par un Conseil et par un Directeur dont les attributions respectives sont définies ci-après.

Art. 4. — Le Conseil d'administration comprend :

1° Des représentants de la Chambre de Commerce dans la circonscription de laquelle se trouve le port, des représentants du Conseil général du département et du Conseil municipal de la principale ville comprise dans la circonscription du port, des représentants des réseaux ds chemins de fer d'intérêt général aboutissant au port, un représentant de l'administration des finances, un représentant des ouvriers du port et, dans les ports juxtaposés à un port militaire, un officier de la marine militaire ;

2° Des membres choisis parmi les principaux usagers du port, les principaux industriels, commerçants et agriculteurs des régions desservies par le port, les principaux groupements professionnels de la marine marchande, tels que les armateurs français, agents français des compagnies françaises de navigation, capitaines de navires et inscrits maritimes, en outre, parmi les entrepreneurs et agents d'entreprises de transports fluviaux, les agents des sociétés concessionnaires d'outillages publics, les constructeurs de navires, les courtiers maritimes, les consignataires, les entrepreneurs de manutention maritime, les transitaires, les exploitants d'entrepôts réels des douanes, enfin, parmi les spécialistes qualifiés en matière de construction et d'exploitation des ports.

Art. 5. — Le décret d'institution détermine dans chaque cas la composition du Conseil d'administration qui doit comprendre neuf, quinze ou vingt et un membres. Le nombre des membres du Conseil peut être modifié par des décrets ultérieurs.

Dans les villes où siège une Chambre de Commerce, le Conseil est constitué comme suit :

1° Les membres désignés par la Chambre de Commerce du port. La moitié au moins de ces membres doit être choisie dans cette Chambre ou hors de la Chambre parmi les catégories de personnes visées au paragraphe 2° de l'article précédent ;

2° Un nombre égal de membres nommés par décret ;

Le tiers de ces membres est choisi sur des listes de présentations établies par les Chambres de Commerce des régions spécialement desservies par le port et comprenant chacune un nombre de noms triple de celui des membres à désigner. La liste des Chambres de Commerce appelées à participer à la désignation des membres du Conseil d'administration et le nombre des représentants attribués à chacune d'elles sont déterminés par le décret institutif prévu à l'article 1er. Les décrets de nominations sont rendus en Conseil des Ministres et contresignés par les ministres intéressés ;

3° Un membre désigné par le Conseil général du département dans lequel se trouve le port, ou, dans l'intervalle des sessions, par la Commission départementale ;

4° Un membre désigné par le Conseil municipal de la principale ville comprise dans la circonscription du port ;

5° Un ouvrier du port nommé par décret, sur la proposition du Ministre des Travaux publics et choisi sur une liste de candidats présentée par les syndicats d'ouvriers et chefs d'équipe ou contremaîtres prenant part à l'exécution matérielle des travaux de manutention des marchandises sur les quais du port. Les conditions requises de ces candidats, ainsi que les conditions relatives à leur présentation, seront déterminées par le règlement d'administration publique prévu à l'article 24 de la présente loi.

Art. 6. — Les membres du Conseil d'administration sont nommés ou désignés pour six ans ; ils sont rééligibles ; le renouvellement a lieu par tiers tous les deux ans dans le cours de décembre.

Lors de la constitution d'un Conseil d'administration, la répartition des membres entre les séries et l'ordre de renouvellement desdites séries sont réglés par le sort.

Art. 7. — Le Conseil nomme un président et un vice-président choisis parmi ses membres.

Art. 8. — Le directeur, choisi sur une liste de présentation de trois candidats établie par le Conseil d'administration, est nommé par décret, sur la proposition du Ministre des Travaux publics, des Transports et de la Marine marchande.

Il ne peut être relevé de ses fonctions que par un décret rendu sur le rapport du Ministre des Travaux publics, des Transports et de la Marine marchande, après avis ou sur la proposition du Conseil d'administration.

Ses émoluments sont fixés par le Conseil et imputés sur le budget du port.

Art. 9. — Les fonctions de président du Conseil d'administration et de directeur sont incompatibles avec le mandat de sénateur ou de député.

Ne peuvent être membres du Conseil :

1° Les fonctionnaires attachés au service dont ils ont la gestion ;

2° Les agents payés sur les fonds dont ils disposent.

Les membres du Conseil ne peuvent être entrepreneurs des services qu'ils administrent.

Les fonctions de membre du Conseil sont gratuites. Les membres du Conseil ont seulement droit au remboursement des frais, que nécessite l'exécution de leur mandat.

Art. 10. — Le Conseil d'administration statue, définitivement, sur tout ce qui concerne les travaux, l'outillage et l'exploitation du port, sauf sur les projets des travaux qui entraînent des transformations ou des modifications essentielles dans les ouvrages ou accès du port, ou qui sont effectués avec le concours financier de l'Etat. Il prend, en se conformant aux dispositions des articles 11 et 12 ci-après, les mesures nécessaires pour la création des ressources destinées à couvrir les charges qui lui incombent, et qui comprennent l'administration, l'entretien, l'exploitation et les améliorations du port. Il est appelé obligatoirement à donner son avis sur toutes les questions relevant des divers services publics et intéressant le port.

Art. 11. — Le port dispose des ressources ordinaires ci-après :

1° Produits des droits de quai, tels qu'ils sont ou seront institués par les lois sur la matière, ainsi que les centimes additionnels régulièrement autorisés ;

2° Produits des péages locaux, établis, par application des lois sur la marine marchande, en vue de subvenir au maintien des profondeurs des rades, passes, chenaux et bassins du port ;

3° Produits des péages locaux destinés à payer les dépenses relatives aux services qu'il organise ou subventionne, en vue d'assurer le sauvetage des navires, équipages, passagers et cargaisons, ainsi que la sécurité, la propreté, la police et la surveillance des quais et dépendances du port ;

4° Produits des taxes et redevances de toute nature, dont la perception aurait été régulièrement autorisée ;

5° Produits du domaine public dans les conditions déterminées à l'article 1er ;

6° Produits de l'exploitation de l'outillage public directement administré ou affermé par le port, et, éventuellement, de l'exploitation des voies ferrées des quais ;

7° S'il y a lieu, subside de l'État pour contribution à l'entretien des accès du port. Le décret institutif détermine le montant de ce subside, ainsi que les conditions dans lesquelles il peut être revisé.

Art. 12. — Le port dispose des ressources extraordinaires ci-après :

1° Subsides de l'État, du département, des communes, des chambres de commerce, des groupements économiques et autres établissements publics et des particuliers pour les travaux d'amélioration et d'extension du port et de ses accès ; ces subsides étant donnés sous forme de subvention en capital ou d'annuités ;

2° Produits des péages locaux établis, par application des lois sur la marine marchande, en vue de subvenir soit à l'amélioration des accès, soit à l'amélioration des ouvrages et de l'outillage du port ;

3° Produits des emprunts autorisés ;

4° Dons et legs ;

5° Toutes autres recettes accidentelles.

Art. 13. — Le Conseil d'administration établit, chaque année, un budget ordinaire et un budget extraordinaire, ainsi qu'un compte général des recettes et des dépenses.

Les dépenses du budget ordinaire comprennent les dépenses annuelles et permanentes.

Les dépenses d'entretien et de réparations sont obligatoires. Elles peuvent être effectuées, s'il y a lieu, par les soins du ministre des travaux publics, des transports et de la marine marchande et être inscrites, d'office, au budget.

Toutes les autres dépenses ressortissent au budget extraordinaire.

Chaque année, le compte général des recettes et des dépenses de l'exercice précédent est soumis avant le 1er août, à l'approbation du ministre des travaux publics, des transports et de la marine marchande, et du ministre du commerce et de l'industrie.

Le budget de l'année suivante est soumis, avant le 1er août, à l'approbation du ministre des travaux publics, des transports et de la marine marchande et du ministre du commerce et de l'industrie.

Art. 14. — Aussitôt après chaque séance du Conseil d'administration, une ampliation du procès-verbal des délibérations est adressée au ministre des travaux publics, des transports et de la marine marchande, ainsi qu'au ministre du commerce et de l'industrie.

Les délibérations relatives aux objets sur lesquels le conseil statue définitivement peuvent être frappées d'opposition par le ministre des travaux publics, des transports et de la marine marchande, dans les huit jours qui suivent la transmission du procès-verbal.

Ces délibérations deviennent exécutoires soit par un avis de non-opposition du ministre, soit par l'expiration du délai de huit jours à partir de l'envoi au ministre.

En cas d'opposition, le ministre doit statuer dans le délai d'un mois à partir de l'opposition. Passé ce délai, la délibération devient exécutoire.

Le ministre peut, après l'avis du conseil supérieur des travaux publics, annuler la délibération par une décision motivée qui n'est susceptible de recours au conseil d'Etat que pour excès de pouvoir ou violation de la loi. En cas de recours, le conseil d'Etat doit statuer dans le délai de deux mois.

Le recours suspend l'exécution de la délibération.

Les délibérations du conseil d'administration ne deviennent exécutoires que si elles sont sanctionnées par l'autorité supérieure, lorsqu'elles portent sur des projets de travaux qui entraînent des transformations ou des modifications essentielles dans les ouvrages ou accès du port, ou qui sont effectuées avec le concours financier de l'Etat.

Art. 15. — Le directeur est l'agent d'exécution du Conseil d'administration dans toutes les matières qui sont de la compétence de cette assemblée.

Par délégation du Conseil, il nomme à tous les emplois de port en se conformant aux lois et règlements spéciaux à certaines catégories d'agents.

Toutefois, l'ingénieur en chef, les ingénieurs et conducteurs chargés des travaux du port, ainsi que les officiers et maîtres de port sont pris dans le personnel du Ministère des Travaux publics.

La nomination et l'administration de ce personnel demeurent réservées au Ministre des Travaux publics, des Transports et de la Marine marchande. L'ingénieur en chef est désigné après avis du Conseil d'administration du port. Des indemnités et des gratifications spéciales peuvent être allouées par le Conseil d'administration aux fonctionnaires en service dans le port.

Les agents appartenant au personnel des différentes administrations publiques peuvent être mis à la disposition de l'administration du port pour occuper des emplois dans ces différents services. Ces agents sont considérés comme étant en service détaché, leurs émoluments sont à la charge exclusive du port.

Le directeur, comme agent du pouvoir central, exerce, dans les limites de la circonscription du port, une action générale sur tous les services publics en ce qui concerne les affaires qui intéressent directement l'exploitation, notamment sur les services des travaux publics et des chemins de fer, de la navigation intérieure, des phares et des balises, des douanes, du pilotage, de l'inscription maritime, de l'inspection de la navigation, de la police sanitaire maritime et de la police générale du port. Il correspond directement avec les ministres et les directeurs généraux des services financiers pour les affaires rentrant dans leurs attributions et intéressant le port sans être de la compétence du Conseil d'administration. Il lui est adressé ampliation de la correspondance échangée entre les ministres ou les directeurs généraux et les chefs de services qui coopèrent à l'exploitation du port, lorsque les questions traitées intéressent le port.

L'action du directeur est dans tous les cas subordonnée à la nécessité pour les chefs de services d'assurer les fonctions d'intérêt général qui leur incombent. Toutes les fois qu'il y a désaccord entre le directeur du port et un chef de service, il en est référé aux ministres ou aux directeurs généraux intéressés.

Le directeur du port et les chefs des différents services énumérés à l'alinéa précédent, se réunissent périodiquement dans des conférences où sont examinées les affaires intéressant l'exploitation du port. A ces conférences, les usagers du port peuvent être admis, avec l'autorisation du directeur, à présenter toutes observations utiles.

ART. 16. — Toutes les opérations du Conseil d'administration sont placées sous le contrôle direct du Ministre des Travaux publics, des Transports et de la Marine marchande, qui fait inspecter et vérifier le fonctionnement de tous les services par des membres du Conseil supérieur des travaux publics désignés à cet effet, ainsi que par les fonctionnaires chargés du contrôle de l'exécution du budget des travaux publics.

Tous les frais de contrôle sont à la charge du port et le montant annuel en est fixé par le décret d'institution prévu à l'article premier.

ART. 17. — Dans le cas où l'une des assemblées ou collectivités qui doivent être représentées par le Conseil d'administration n'aurait pas désigné ses délégués dans les délais qui seront fixés par le règlement d'administration publique prévu à l'article 24 de la présente loi, il serait pourvu à cette désignation par un décret rendu sur la proposition du ministre intéressé.

Le Conseil d'administration peut être dissous sur le rapport du Ministre des Travaux publics, des Transports et de la Marine marchande, et du Ministre du Commerce et de l'Industrie, par un décret motivé rendu en Conseil des Ministres. Il est, dans ce cas, remplacé provisoirement par une délégation instituée par le même décret et chargée d'expédier les affaires courantes.

ART. 18. — Le régime institué dans un port en vertu de la présente loi peut y être aboli par un décret rendu dans les mêmes formes que le décret institutif. Ce nouveau décret règle tout ce qui concerne la dévolution des biens de l'établissement public supprimé ainsi que les dispositions que peut motiver le retour au régime antérieur.

ART. 19. — Les contestations relatives à l'exécution des travaux entrepris par le port sont jugées par le Conseil de préfecture, sauf recours au Conseil d'Etat.

TITRE II. — FORMALITÉS POUR L'EXÉCUTION DES TRAVAUX

ART. 20. — Les travaux de construction et d'amélioration des ports maritimes de commerce placés ou non sous le régime institué par le titre Ier de la présente loi peuvent être autorisés par des décrets rendus en Conseil d'Etat après enquête lorsque la part des dépenses à la charge de l'Etat est comprise entre 1 million et 10 millions de francs.

Les décrets d'autorisation règlent, s'il y a lieu, la question des voies et moyens.

Des décisions du Ministre des Travaux publics, des Transports et de la Marine marchande prises, après enquête et avis du Conseil supérieur des travaux publics, peuvent autoriser l'exécution des travaux lorsque la part de dépense à la charge de l'Etat est inférieure à 1 million de francs.

ART. 21. — Il est procédé à l'enquête prévue à l'article précédent par les soins d'une commission permanente instituée dans chaque port par arrêté préfectoral.

Les formalités doivent être terminées dans le délai d'un mois à compter de l'ouverture de l'enquête.

Les assemblées appelées à délibérer au cours d'une enquête doivent émettre leur avis dans le délai d'un mois à compter du jour où elles y ont été invitées.

Art. 22. — Les résultats de l'enquête ainsi que toutes les questions susceptibles d'intéresser les différents départements ministériels qui participent à l'administration du port sont soumis au Ministre des Travaux publics, des Transports et de la Marine marchande, qui appelle le Conseil supérieur des travaux publics à en délibérer. Une copie de l'avis de cette assemblée est immédiatement envoyée à chacun des ministres intéressés. Ceux-ci doivent faire connaître, dans le délai d'un mois, au Ministre des Travaux publics, des Transports et de la Marine marchande, s'ils adhèrent, en ce qui les concerne, à l'avis du Conseil ou s'ils estiment qu'un délai supplémentaire leur est nécessaire pour se prononcer sur l'affaire.

Art. 23. — Tout ministre dont les services ont été appelés à examiner en conférence une affaire de la compétence de la commission mixte des travaux publics, doit, dans le délai, de deux mois à compter du jour où le dossier de l'affaire a été communiqué à ses représentants locaux, faire connaître au ministre dont dépend le service qui a pris l'initiative de la conférence s'il est donné ou refusé une adhésion aux propositions de ce service.

En cas de refus d'adhésion, l'affaire est, s'il y a lieu, soumise par la partie la plus diligente à la commission mixte des travaux publics, qui formule son avis dans le délai d'un mois.

Art. 24. — Un règlement d'administration publique, rendu sur la proposition du Ministre des Travaux publics, des Transports et de la Marine marchande, du Ministre du Commerce, de l'Industrie, des Postes et des Télégraphes, du Ministre de la Marine et du Ministre des Finances, déterminera les conditions d'application de la présente loi.

Art. 25. — La loi du 5 janvier 1912 est et demeure abrogée.

Décret du 6 Février 1920

Concernant la loi du 16 octobre 1919, sur l'utilisation de l'énergie hydraulique

Vu la loi du 16 octobre 1919 relative à l'utilisation de l'énergie hydraulique et notamment l'article 31, ainsi conçu :

Art. 31. — Il est créé auprès du Ministre des Travaux publics, un comité consultatif comprenant sept députés et cinq sénateurs élus respectivement par les assemblées dont ils font partie et, en nombre égal, des représentants des industriels aménageant ou utilisant l'énergie hydraulique, de l'agriculture, de la navigation et du tourisme, ainsi que de la protection des sites, paysages et monuments naturels, d'une part, des administrations publiques, d'autre part, savoir :

1° Huit représentants professionnels des grandes industries aménageant ou utilisant les forces hydrauliques, huit représentants professionnels de l'agriculture, deux membres des Chambres de commerce, deux représentants de la navigation intérieure et deux représentants des associations de tourisme et de protection des sites, paysages et monuments naturels.

2° Un conseiller d'Etat, un jurisconsulte, six représentants de l'administration des travaux publics, six de l'agriculture, deux des finances, deux du commerce et de l'industrie, un de la guerre, un des postes et télégraphes, un de l'intérieur et un des beaux-arts. Jusqu'à la cessation des hostilités le représentant du ministère de la guerre et un des représentants du ministère de l'agriculture seront remplacés par deux représentants du ministère de la reconstitution industrielle.

Les membres du comité consultatif sont nommés par décrets rendus sur la proposition du Ministre des Travaux publics, après avis :

1° Pour les représentants des administrations publiques, des ministres intéressés ;

2° Pour les représentants professionnels de l'industrie hydraulique et des Chambres de commerce, du Ministre du Commerce et de l'Industrie ;

3° Pour les représentants professionnels de l'agriculture, du Ministre de l'Agriculture.

En ce qui concerne les représentants administratifs et professionnels de l'agriculture, l'avis du Ministre de l'Agriculture doit être conforme.

Le conseiller d'Etat qui est désigné d'accord entre les Ministres des Travaux publics et de l'Agriculture est de droit président du comité ; un vice-président, choisi parmi les membres du comité, est nommé par le Ministre des Travaux publics après entente avec son collègue de l'Agriculture.

Le comité consultatif donne son avis sur toutes les questions dont il est saisi par le Ministre des Travaux publics.

Les cahiers des charges types, les projets de règlement d'administration publique nécessaires à l'exécution de la présente loi, les plans généraux d'aménagement des eaux, les projets de loi ou de décrets approuvant une concession ou accordant une autorisation, ainsi que tous autres actes pris en exécution de la loi sont obligatoirement soumis au comité.

L'exploitation d'une usine par l'Etat, en régie directe ou intéressée, ne peut être décidée qu'après avis conforme du comité. Il est constitué auprès du comité consultatif un secrétariat comportant des rapporteurs adjoints et dans le sein du comité, une section permanente pour l'expédition des affaires courantes ainsi que celles pour lesquelles délégation lui est donnée par le comité. La section permanente est présidée par le conseiller d'Etat, président du comité. La répartition des affaires entre le comité et la section permanente est fixée par un arrêté du Ministre des Travaux publics.

Un règlement d'administration publique déterminera les conditions d'application du présent article, notamment les conditions de fonctionnement du comité et de la section permanente, ainsi que la composition de cette section qui devra comprendre sept membres.

Le Conseil d'Etat entendu :

Décrète :

Article premier. — Les membres du comité consultatif des forces hydrauliques sont nommés pour trois ans, la première période ayant son terme le 31 décembre 1922, le mandat des membres sortants peut être renouvelé.

Art. 2. — Cessent de plein droit de faire partie du comité les membres qui n'occupent plus la situation en raison de laquelle ils avaient été nommés.

Il est pourvu, dans les trois mois, au remplacement des membres du comité qui auraient cessé d'en faire partie avant la date d'expiration normale de leur mandat.

Les membres désignés pour les remplacer restent en fonctions jusqu'à cette dernière date.

ART. 3. — Le président et le vice-président sont nommés pour la même période que les membres du comité.

ART. 4. — Les directeurs des divers ministères intéressés qui ne sont pas membres du comité peuvent néanmoins, avec l'agrément du président, assister aux séances du comité ; ils ont voix consultative pour les affaires de leur service.

ART. 5. — Le comité se réunit sur la convocation du Ministre ou de son président.

Le président arrête l'ordre du jour des séances et désigne les rapporteurs. Cet ordre du jour est distribué par les soins du secrétariat trois jours au moins avant la séance.

ART. 6. — Le comité peut entendre les personnes dont il juge l'audition utile pour ses délibérations. Ces personnes sont convoquées soit d'office, soit sur leur demande, par les soins du président.

ART. 7. — Toute affaire soumise aux délibérations du comité donne lieu à un avis motivé transmis au Ministre des Travaux publics.

Les avis sont pris à la majorité des voix des membres présents. En cas de partage, la voix du président est prépondérante.

ART. 8. — Les fonctions de membre du comité sont gratuites.

ART. 9. — Il est constitué auprès du comité consultatif un secrétariat, composé d'un secrétaire et de secrétaires adjoints, dont le nombre ne peut dépasser six et qui remplissent les fonctions de rapporteurs.

Le secrétaire du comité consultatif est désigné par arrêté du Ministre des Travaux publics, après entente avec son collègue de l'Agriculture ; il siège avec voix consultative.

Les secrétaires adjoints et les rapporteurs adjoints sont désignés par le Ministre des Travaux publics. Ils siègent au comité avec voix consultative dans les affaires pour lesquelles ils sont désignés comme rapporteurs.

ART. 10. — La section permanente constituée au sein du comité consultatif comprend sous la présidence du conseiller d'État, président du comité :

1° Deux représentants de l'administration des travaux publics ;

2° Deux représentants de l'administration de l'agriculture ;

3° Un représentant professionnel des industries aménageant ou utilisant les forces hydrauliques ;

4° Un représentant professionnel de l'agriculture.

Les membres de la section permanente sont nommés par le Ministre des Travaux publics après entente avec le Ministre de l'Agriculture. L'un d'entre eux est désigné dans les mêmes conditions pour remplir les fonctions de vice-président.

Les membres du comité consultatif qui n'appartiennent pas à la section permanente, y ont entrée, sur leur demande, avec voix consultative ; ils sont avisés des réunions et reçoivent communication des ordres du jour de la section à titre de renseignements.

Les représentants du ministère des finances et des autres ministères intéressés sont spécialement convoqués aux séances dans lesquelles doivent être examinées des affaires concernant leur département ministériel.

Art. 11. — Les représentants professionnels des industries aménageant ou utilisant les forces hydrauliques et le représentant professionnel de l'agriculture, ainsi que les représentants des administrations publiques, empêchés d'assister à une séance de la section, peuvent, avec l'agrément du président du comité, s'y faire remplacer par un autre membre du comité appartenant à la même catégorie.

Art. 12. — Le secrétaire du comité consultatif des forces hydrauliques est secrétaire de la section permanente avec voix consultative. Les secrétaires adjoints du comité assistent aux séances de la section permanente avec voix consultative dans les affaires pour lesquelles ils ont été désignés comme rapporteurs.

Art. 13. — Il est procédé par arrêté ministériel, le comité entendu, à la détermination des affaires courantes à répartir entre le comité et la section permanente.

Art. 14. — Aucune affaire n'est soumise aux délibérations de la section permanente qu'après avoir été étudiée par un rapporteur désigné par le président de la section.

Art. 15. — La section permanente se réunit sur la convocation de son président aussi souvent qu'il est nécessaire.

Art. 16. — Le Ministre des Travaux publics et le Ministre de l'Agriculture sont chargés, chacun en ce qui le concerne, de l'exécution du présent décret.

Rapport au Ministre des Travaux publics des Transports et de la Marine marchande (10 Novembre 1919) suivi d'un Arrêté du même Ministre

Concernant l'exploitation des ports maritimes (12 novembre 1919)

Un arrêté du Ministre des Travaux publics et des Transports, en date du 18 janvier 1919, a prescrit la constitution, dans certains ports maritimes de commerce, d'un arrondissement spécial chargé de toutes les questions concernant l'exploitation du port.

Le titulaire de cet arrondissement, dénommé inspecteur principal de l'exploitation du port est, soit un ingénieur des ponts et chaussées, qui peut être, en même temps, chargé d'un arrondissement de travaux du port, soit un inspecteur de l'exploitation commerciale des chemins de fer, soit, provisoirement, un des agents qui ont été attachés, pendant la guerre, à un service d'exploitation des ports maritimes.

Cette organisation devait être appliquée, dans tous les ports, à la cessation de l'état de guerre et, d'ici là, dans chaque port suivant les circonstances.

L'expérience faite depuis la mise en vigueur des prescriptions de l'arrêté du 18 janvier 1919 a montré que cette organisation serait insuffisante dans certains ports et qu'il convenait d'y maintenir les chefs d'exploitation chargés de régler, sous l'autorité du chef du service central d'exploitation des ports maritimes de commerce, avec le concours, s'il y a lieu, d'un inspecteur principal de l'exploitation du port, tout ce qui concerne cette exploitation.

La nécessité de compléter, dans certains ports l'organisation établie par l'arrêté du 18 janvier 1919, résulte, en particulier, des dispositions du décret du 15 octobre 1919, instituant, sur les grands réseaux de chemins de fer, des priorités de transport pour les régions libérées, le ravitaillement et les combustibles, applicables jusqu'au 31 décembre 1920.

Aux termes de l'article 2 de ce décret, les grands réseaux devront exécuter, par priorité, de préférences à tous autres :

1° Les transports destinés à la reconstitution des régions libérées, suivant les programmes arrêtés par le ministère des régions libérées ;

2° Les transports en petite vitesse, par wagons complets, suivant les programmes arrêtés par les ministères du ravitaillement et de la reconstitution industrielle, concernant l'approvisionnement en combustibles et ravitaillement de l'ensemble du territoire.

L'importance de ces transports par priorité nécessitera une surveillance toute spéciale.

D'autre part, le décret du 25 juillet 1919 a spécifié que pendant une période de six mois, à partir de la date de cessation des hostilités, les dispositions réglementaires pour la répartition des installations et de l'outillage d'un port entre les navires et les usagers demeureront suspendues, le chef d'exploitation de cet établissement maritime devant y assurer, avant tout, les opérations et transports indispensables à la vie du pays.

C'est ainsi que les règles ordinaires du temps de paix qui prévoient souvent l'ordre d'inscription pour l'admission à l'usage de certaines installations ou outillages des ports ne garantissent pas suffisamment l'exécution de ces opérations indispensables.

Il en est ainsi notamment pour l'utilisation des établissements de radoub des ports maritimes, pour la répartition de l'outillage public entre les navires, etc.

L'arrêté ci-joint, qui annule et remplace celui du 18 janvier 1919, indique les conditions de fonctionnement du service d'exploitation.

Le Directeur des ports maritimes,
C. Babin.

Le Ministre des Travaux publics, des Transports et de la Marine marchande,

Vu le décret du 30 avril 1909 revisant les attributions des officiers et maîtres de ports ;

Vu le décret du 8 janvier 1918, complété par l'arrêté du 8 août 1919 portant organisation des services chargés du contrôle des chemins de fer d'intérêt général et de l'étude des questions économiques et commerciales se rattachant à l'ensemble des voies de communication ;

Vu l'arrêté du 12 janvier 1918, pris par application dudit décret ;

Vu l'arrêté du 18 janvier 1919 relatif aux inspecteurs principaux de l'exploitation des ports ;

Vu l'article 56 de la loi du 17 avril 1919 sur la réparation des dommages causés par les faits de guerre ;

Vu l'arrêté du 12 juin 1919, relatif à l'organisation des services d'exploitation dans les ports et portant création, au ministère des travaux publics, d'un comité de l'exploitation des ports maritimes ;

Vu l'article 2 du décret du 25 juillet 1919 concernant l'exécution, dans les ports maritimes de commerce, des opérations et transports indispensables à la vie du pays ;

Vu le décret du 15 octobre 1919, instituant sur les grands réseaux des priorités de transport,

Arrête :

Article premier. — Il est institué un service central d'exploitation des ports maritimes de commerce chargé de centraliser toutes les questions relatives à l'utilisation des ports, à leur bonne exploitation et à leur meilleur rendement.

Ce service signale au commissaire du Gouvernement, placé auprès du comité provisoire d'exploitation prévu à l'article 5 du décret du 15 octobre 1919, les besoins des ports en matériel de voie ferrée et il contrôle l'exécution des transports prescrits par application dudit décret pour ce qui concerne les ports.

Le service central d'exploitation des ports maritimes fonctionne comme un service extérieur relevant de la direction des ports maritimes.

Il se tient en relation avec le chef du service central d'exploitation des voies navigables pour tout ce qui concerne la liaison des ports maritimes avec les voies navigables.

Le chef de ce service est l'ingénieur chargé, en vertu de l'arrêté du 12 janvier 1919, de l'étude des questions relatives aux ports maritimes ou fluviaux, à la desserte des quais et, d'une manière générale, à l'exploitation des ports maritimes ou fluviaux pour tout ce qui concerne leur liaison avec les chemins de fer.

Art. 2. — Dans les ports maritimes de commerce désignés par le Ministre des Travaux publics, le service de l'exploitation est assuré par le chef d'exploitation assisté, s'il y a lieu, d'un inspecteur principal d'exploitation.

Les fonctions de chef et d'inspecteur principal d'exploitation sont confiées, soit à l'ingénieur en chef des ponts et chaussées du service maritime pour le chef d'exploitation, soit à un ingénieur des ponts et chaussées qui peut être également chargé d'un arrondissement de travaux, pour l'inspecteur, soit, pour l'un comme pour l'autre, à un fonctionnaire ou officier, ancien fonctionnaire ou officier, soit enfin à toute autre personne ayant la pratique des transports et dégagée de tout intérêt personnel dans l'exécution des opérations commerciales touchant le port et ses moyens d'évacuation.

Art. 3. — Le chef de l'exploitation veille à l'obtention du meilleur rendement du port, de son outillage, de la main-d'œuvre et des moyens d'évacuation par terre, par fer et par eau ; il assure la bonne exploitation du port dans les conditions prévues aux lois et règlements, et notamment au décret du 25 juillet 1919.

Il renseigne le service central d'exploitation sur la situation du port et ses besoins, notamment en ce qui concerne les moyens d'évacuation à mettre à la disposition du port.

Il prend les mesures nécessaires pour que soit assurée, au départ du port, l'exécution des transports de priorité prévus par le décret du 15 octobre 1919 et des décisions du comité provisoire d'exploitation des chemins de fer. Son action s'étend à ce point de vue aux gares locales des ports. Il règle l'exécution des transports intérieurs du port ou à destination des parcs de stockage dépendant du port.

Il se tient en relation étroite, au moyen de réunions périodiques, avec les représentants des services locaux, assemblées locales, organisations patronales et ouvrières, notamment avec les services des ponts et chaussées, la chambre de commerce et le comité consultatif créé par arrêtés des 23 février et 14 avril 1919 et, d'une façon générale, avec les usagers et exploitants du port et de ses moyens d'action et d'évacuation.

Art. 4. — Le service des voies navigables et les concessionnaires des voies ferrées des quais et des outillages publics désignent chacun un représentant chargé de recevoir du chef d'exploitation du port les communications concernant la desserte du trafic du port. Ces représentants fournissent également au chef d'exploitation du port tous renseignements utiles sur l'exécution des transports de priorité et des décisions prises par le comité provisoire d'exploitation des chemins de fer.

Art. 5. — Indépendamment de l'autorité qu'il exerce en vertu de l'arrêté du 12 juin 1919 sur les divers services mentionnés à cet arrêté, le chef d'exploitation du port a sous ses ordres immédiats les officiers et maîtres de port, conformément au décret du 30 avril 1909.

Art. 6. — Le présent arrêté annule celui du 18 janvier 1919.

TABLE DES MATIÈRES

DEUXIÈME PARTIE

ANNEXES (LOIS ET RÈGLEMENTS)

IMPRIMERIE ARTISTIQUE (J. POUGET), 17, RUE THIERS, BERGERAC

L'ENSEIGNEMENT PAR CORRESPONDANCE

SES AVANTAGES

L'Enseignement par correspondance est plus avantageux que l'enseignement oral : au point de vue sommaire, au point de vue du temps, au point de vue de l'élasticité et de l'individualité.

Chez vous, sans vous déranger, vous recevez des leçons écrites de professeurs éminents : des devoirs bien choisis, parfaitement gradués ; des corrections parfaites, des observations nombreuses.

Les Cours sont bien imprimés ; les dessins, quand il y en a, nettement tracés.

Le travail est alors un véritable plaisir.

LES RAISONS DE NOTRE SUCCÈS

Nous résumons succinctement les causes des brillants succès de l'Ecole. Les personnes désireuses d'être complètement renseignées sur son fonctionnement n'auront qu'à demander le **Programme officiel qui leur sera adressé gratuitement par la Direction.**

1° L'Ecole ne faisant aucun bénéfice sur son enseignement a pu établir des prix de préparation **qu'aucun établissement commercial** ne pourrait faire, **à valeur égale d'Enseignement.**

2° Etant la seule Ecole de ce genre qui **soit subventionnée** en raison de la haute valeur de son enseignement, et **recevant chaque année de nouvelles subventions,** le prix de ses préparations va sans cesse en diminuant tandis que le nombre des cours augmente continuellement.

3° Son personnel, très sévèrement sélectionné, ne se compose que de professeurs, d'ingénieurs ou d'officiers ayant tous une certaine célébrité par les travaux qu'ils ont faits.

4° **Les professeurs enseignent par correspondance les cours qu'ils professent sur place. C'est la seule Ecole par correspondance qui jouisse de cet avantage.**

5° La moyenne des élèves reçus aux concours et examens a été jusqu'ici extrêmement élevée.

6° Chacun peut s'instruire sans que personne ne le sache, **même en suivant des cours dans une autre école.**

7° Tous les élèves se préparant aux carrières industrielles ou non reçus aux examens **sont rapidement placés par les soins de l'Ecole.**

8° Grâce aux nombreux ouvrages de l'Ecole (500 cours imprimés ou autographiés), réimprimés chaque année, les élèves ont non seulement les plus grandes facilités pour s'instruire, mais lorsqu'ils ont quitté l'Ecole, ils peuvent encore suivre très rapidement les progrès réalisés chaque jour dans la Mécanique ou les Sciences.

9° Les diplômes de l'Ecole sont très appréciés dans la Marine marchande et dans l'Industrie, à cause des capacités reconnues de nos élèves.

C'est d'ailleurs la seule Ecole qui délivre pour toutes les *branches de l'Industrie* des diplômes *à tous les grades* **(Contremaîtres, Conducteurs, Sous-Ingénieurs, Ingénieurs).**

10° Les anciens Elèves sont groupés en Association, ce qui permet à tous les adhérents de la Société d'être prévenus immédiatement des divers avantages pouvant les intéresser. *(Demander les Statuts.)*

11° Une revue technique mensuelle *« La Revue Polytechnique »*, qui a justement et très rapidement acquis une place dans la littérature technique, traite de sujets originaux et fort intéressants. Elle est remise gratuitement chaque mois aux anciens Elèves. Prix d'un spécimen : 1 franc.

Un bulletin mensuel est de plus l'organe de la société des Anciens Elèves qui le reçoivent **gratuitement.**

12° Les ouvrages de l'Ecole du Génie Civil sont adoptés par de **nombreuses Ecoles industrielles et maritimes. (Ecoles Arts et Métiers, Instituts Electro-techniques, Ecoles de Mécaniciens, etc.)**

www.ingramcontent.com/pod-product-compliance
Ingram Content Group UK Ltd.
Pitfield, Milton Keynes, MK11 3LW, UK
UKHW020916180726
13838UKWH00002B/587